AF220696

Thomas Spanier

Irgendwas juckt immer

100 Kolumnen aus zehn Jahren

Bibliografische Information der Deutschen
Nationalbibliothek:
Die Deutsche Nationalbibliothek verzeichnet diese
Publikation in der Deutschen Nationalbibliografie;
detaillierte bibliografische Daten sind im Internet über
http://dnb.dnb.de abrufbar.

Lektorat/Korrektorat: Sabine Krätzschmar

Herstellung und Verlag: BoD – Books on Demand,
Norderstedt

ISBN: 978-3-7526-0717-8

VORWORT

Dieses Buch ist ein Geschenk. Für die Gäste meines Geburtstages, den wir wegen der Corona-Pandemie leider nicht alle gemeinsam feiern können. Für die Freunde dieser Kolumne, von denen ich viele gar nicht persönlich kenne, von denen aber die Anregung für dieses Büchlein stammt. Ein bisschen auch für mich.

Drei Dinge haben alle Texte gemeinsam. Sie sind an einem Samstag (oder vor einem Feiertag) mit der Dachzeile "Meine Woche" im Lokalteil Saalfeld-Rudolstadt der Ostthüringer Zeitung (OTZ) erschienen. Und sie enden mit einem Wunsch, meistens „Schönes Wochenende!".

Ich habe versucht, vor allem solche Beiträge auszuwählen, die über den Tag und die Region hinauswirken könnten. Damit man sie dennoch in die Zeit einordnen kann, steht im Inhaltsverzeichnis am Ende das Datum des ersten Erscheinens. Ein bisschen Lokalkolorit gibt es trotzdem. Nicht jeder Text wird sich dem Leser in Nordhorn oder Garmisch-Partenkirchen erschließen.

Ich danke allen, die zum Gelingen dieses Buches beigetragen haben, insbesondere meiner Frau für das Lektorat, dem Verlag und der Mediengruppe Thüringen, die den Nachdruck der Texte erlaubt haben, meinen Kindern, dass es sie gibt, und dem Leben als stetigem Quell der Inspiration.

Thomas Spanier
Jena im Oktober 2020

SEELENSTRIP MIT BILD

Diese Kolumne macht alles kaputt. Es war Dienstagfrüh gegen 8 Uhr, als mich auf dem Schießteich in Saalfeld ein fremder, freundlicher Herr mit Namen ansprach. Er mag meine Artikel, sagte er mir, erkundigte sich nach meinem fußballspielenden Jüngsten und verriet mir, was erst Stunden später die Agenturen meldeten: Rainer Hörgl muss als Trainer des FC Rot-Weiß Erfurt gehen.

Die kurze Begegnung hat mich nachdenklich gemacht. Ich gehörte bisher zu den Menschen, die es genießen, in relativer Anonymität zu leben, und die es in Bezug auf Freundschaften mit der alten Regel halten: Alles, was über eine Handvoll hinausgeht, ist oberflächlich. Ich finde es schön, weitgehend unerkannt durch die Rudolstädter Marktstraße zu bummeln, mit meiner Nachbarin über unsere Katzen statt über den Abo-Preis der Zeitung zu reden und auf dem Fußballplatz über Fußball statt über die Eigenheiten der lieben Kollegen.

Seit ich aber regelmäßig am Samstag mit Foto in der Zeitung stehe, ist irgendwie alles anders. Es ist nämlich ein Unterschied, ob man in einem Kommentar seelenstript oder ob man mit Bild seelenstript. Nicht, dass ich das exklusiv hätte. Bei Brad Pitt oder Boris Becker weiß auch jeder, wie ihr Gesicht aussieht. Die müssen aber auch nicht jeden Tag über den Saalfelder Schießteich! Nur um keine Missverständnisse aufkommen zu lassen: Ich bin nicht menschenscheu. Ich mag die meisten unserer Leser, weil sie etwas sehr Kluges tun – lesen. Vor allem mag ich die, die meine Artikel mögen und Anteil an den fußballerischen Fähigkeiten meines Sohnes nehmen. Mir graut nur vor dem Tag, an dem das alles umschlägt. Mir graut sozusagen vor der Wende. Mir graut vor dem Tag, an dem mich niemand mehr anspricht.

Schönes Wochenende!

ÜBERS WASSER GEHEN

Wer Visionen hat, sollte zum Arzt gehen, sagte Alt-Bundeskanzler Helmut Schmidt einst über den Bundestags-Wahlkampf seines Vorgängers Willy Brandt. Nimmt man das wörtlich, wäre Hartmut Holzhey wahrscheinlich Stammgast im weißen Wartezimmer.

Der Geschäftsführer eines hiesigen Logistikunternehmens mischt sich quasi ständig in Dinge ein, die ihn streng genommen nichts angehen. Er sorgte mit einer genial-einfachen Idee dafür, dass die Verkehrsführung am Brauhaus-Anschluss der Saalfelder Nordtangente eine vernünftige wurde, regte mit dem Saalfelder Denkanstoß eine heftige Debatte über den Zusammenschluss des Städtedreiecks an oder überzeugte den Verkehrsminister im Praxistest, dass eine Lkw-Umleitung über Raniser Pflaster nicht funktioniert.

Dass nicht jede Vision Wirklichkeit wird, liegt in der Natur der Sache. Wie alle großen Ideen – vom Kommunismus bis zum Elektroauto – kam die vereinigte Otto-Grotewohl-Stadt aus Saalfeld, Rudolstadt und Bad Blankenburg im Herzen des Grünen Herzens vor allem deshalb nicht zustande, weil die Menschen nicht so sind, wie Idealisten sie gern hätten.

Was Hartmut Holzhey nicht davon abhielt, mit der Stauseeinitiative das nächste Projekt anzugehen. Vor seinen und den inneren Augen seiner Mitstreiter entstand am Hohenwarte- und Bleilochstausee eine blühende Tourismusregion mit ordentlichen Straßen, erstklassigen Rad- und Wanderwegen und einer Brücke, wo schon immer eine Brücke hingehörte. Heute Nachmittag kann man beim großen Nach-Osterspaziergang an der Linkenmühle erspüren, wie es sich anfühlt, übers Wasser zu gehen.

Womit wir wieder bei Alt-Bundeskanzlern und meinem Lieblings-Branchenwitz sind: In der Ära von Helmut Kohl werden Journalisten aus aller Welt zu einer Pressekonferenz an den Wolfgangsee bestellt. Nichts scheint sich zu rühren. Plötzlich taucht aus der Ferne am Horizont der gewaltige Leib von Helmut Kohl auf, wie er über das Wasser auf die Journalisten zuläuft. Jesus!, sagen die internationalen Reporter voller Ehrfurcht, während ihre deutschen Kollegen schon die Kameras abbauen: Ach, der Kanzler wieder – nicht mal schwimmen kann er.

So sind sie, die deutschen Journalisten: respektlos, niveaulos, visionslos. Ohne Menschen wie Hartmut Holzhey hätten sie am Ende gar nichts mehr zu schreiben.

Schönes Wochenende!

GEHEIMNISSE

Alles, was mehr als zwei Leute wissen, ist kein Geheimnis. Nähmen die Menschen diese Ur-Erfahrung endlich mal zur Kenntnis, sie würden nicht immer so geheimnisvoll tun. Jeder sitzt auf seinem vermeintlichen Exklusivwissen und macht aus allem ein Staatsgeheimnis. Dabei hat er es längst zu Hause der Ehefrau erzählt, die es in einer schwachen Stunde ihrem Geliebten weitertratschte, der auf Arbeit mit dem Wissen prahlte und so weiter. Am Ende steht es dann in der Zeitung. Nur für den Fall, dass Sie schon immer mal wissen wollten, wie etwas in die Zeitung kommt.

Nehmen wir unsere Recherche zu den Bürgermeisterkandidaten für die Wahl am 6. Juni. Da gibt es doch tatsächlich politisch überkorrekte Gemeindewahlleiter, die allen Ernstes erklären, sie möchten nicht, dass der erst im Mai tagende Wahlausschuss die Namen der

Bürgermeisterkandidaten aus der Zeitung erfährt. Darüber hätten sie mal lieber nachdenken sollen, bevor sie die oben erwähnte Kette in Gang setzten. Natürlich haben wir jeden Namen erfahren, den wir erfahren wollten. Und schreiben ihn selbstverständlich in die Zeitung. Deshalb kaufen uns ja die Leute. Unter anderem.

Vor allem Politikern ist diese berufsbedingte Neugier von Journalisten unheimlich. Weshalb sie ab und zu doch Respekt, im besten Falle sogar ein bisschen Angst vor uns haben. Könnte ja sein, dass wir dunklen Geheimnissen auf die Spur kommen. Und ehrlich: Welcher Politiker hat keine?!

Was ich damit sagen will: Erzählen Sie uns ruhig alle Ihre Geheimnisse. Manche können wir sogar für uns behalten. Oder setzen sie in der Freizeit gewinnbringend ein. Am Wochenende zum Beispiel, das wettertechnisch schön werden soll.

Was ich heute und morgen mache, kann ich Ihnen gern erzählen, denn es wissen mehr als zwei Leute: Zeitung.

Schönes Wochenende!

KÄMPFEN UND FEIERN

Als es am 1. Mai noch eine rote Nelke und obendrein eine blaue Papiermarke gab, für die man sich kostenlos eine Bratwurst am Rost abholen konnte, hieß der erste Tag des Wonnemonats nahezu heroisch Kampf- und Feiertag der Werktätigen. Heute, wo gern ein Nichts zum Hype aufgeblasen wird, schrumpft ausgerechnet dieses Begängnis zum schlichten Tag der Arbeit, der noch dazu eingebettet ist in solch profane Rituale wie Walpurgisfeuer und Maibaumsetzen.

Man kann die Gewerkschaft schon verstehen, wenn sie ein wenig hadert mit dem Kundgebungszuspruch, angesichts der übermächtigen Konkurrenz von Feuerwehr, Heimatverein und verkaufsoffenen Innenstädten.

Dabei gäbe es noch jede Menge zu kämpfen, nicht nur für die Polizisten in Berlin und Erfurt, die sich bestimmt schon auf ihren Tag der Arbeit freuen, sondern auch für die Gewerkschafter an der Betriebsfront oder für in Wahlzeiten stets so soziale Politiker.

Von denen haben die Arbeiterinnen der Wallendorfer Porzellanmanufaktur, mit denen ich mich in dieser Woche traf, so wenig gesehen wie vom ihnen zustehenden Lohn. Teilweise länger als ein halbes Jahr wurden sie getäuscht, hingehalten, vertröstet. Irgendwann war das Werkstor dann verschlossen, das Insolvenzverfahren für den Traditionsbetrieb läuft noch immer.

Nach Feiern ist den Frauen in Lichte so wenig zumute wie den Musikern der Thüringer Symphoniker Saalfeld-Rudolstadt vor drei Jahren, als ihre Existenz als Orchester akut gefährdet war. Diese Erfahrung können sie jetzt kreativ umsetzen. Die Schicksalssinfonie thematisiert den Kampf eines Orchesters ums Überleben. Zur Premiere am 29. Mai will Intendant Steffen Mensching die Thüringer Landesregierung einladen. Ob das mal eine gute Idee ist ...

Schönes Wochenende!

BITTE RECHT FREUNDLICH!

Haben Sie's gemerkt? Wie sich mit der Sonne am Himmel auch die Mienen der Menschen aufgehellt haben? Wie nach zwei Wochen Regen der Elan zurückgekehrt ist und die

Arbeitsproduktivität stieg, wie früher nur bei einem Europacupsieg des ruhmreichen FC Carl Zeiss Jena?

Weil die Sonne am Mittwoch, als sich im Schillerhaus die erste Bürgerstiftung des Landkreises gründete, weit und breit noch nicht zu sehen war, musste beim Pressefoto mit den Zwergen des Christlichen Kindergartens „Baum des Lebens" etwas nachgeholfen werden. Als die Kleinen etwas unschlüssig vor den Linsen standen, forderte Kuratoriumschef Oliver Weder sie zu einem ultimativen Lächeln auf. Und wie! Ameisenscheiße sollten sie sagen. Ameisenscheiße! Mein lieber Herr Gesangsverein! Beim dritten Mal brüllten auch die, die das „Sch"-Wort bis dahin noch für etwas Unchristliches hielten, aus voller Kehle.

Ich habe mich nach diesem pädagogisch wertvollen Erlebnis gefragt, wie man uns eigentlich früher zum Fotolächeln animierte? Bitte lächeln? Bitte recht freundlich? Das amerikanische Zahnpastagrinsen à la Cheese kam erst später in unser Leben. Wie war die sozialistische Entsprechung? China? Gina? Ameisenscheiße jedenfalls nicht.

Politikern muss man das Lächeln nicht mehr beibringen. Sobald eine Kamera auf sie zielt, blicken sie – je nach Anlass – wichtig, zuversichtlich oder besorgt. So wie am Montag auf dem Saalfelder Bahnhof, als bei einer Fahrt mit dem Minister auf der Saalebahn nicht nur die Anzüge schwarz waren. Landrätin Marion Philipp (SPD) hat bei der OTZ ein solches Foto für ihr Archiv bestellt. Man weiß nie, wofür man es noch gebrauchen kann.

Keine Fotos gibt es vom leisen Abschied der Asylbewerber aus Katzhütte. Was vor allem daran liegt, dass das Landratsamt jedes Aufsehen zu vermeiden suchte. Das wird mit dem Bezug der neuen Unterkünfte durch die Asylbewerber gewiss nicht nochmal passieren. Warum die

Behörde um den genauen Standort solch ein Geheimnis macht, ist unverständlich. Man wird doch nicht Angst vorm eigenen Volk haben?

Schönes Wochenende!

LIEBESERKLÄRUNG

Mit 20 darf man als erwachsen gelten – und heiratsfähig. Weshalb ich mir erlaube, unter Missachtung jeglicher professioneller Distanz dem Tanz & Folkfest zum 20. Geburtstag eine Liebeserklärung zu machen.

Jawohl, ich liebe dieses Fest. Nicht wegen des Tanzes, der etwas für Tänzer ist. Nicht mal so sehr wegen der Musik, die immer Geschmackssache ist. Nicht unbedingt wegen der Besucher, die auch woanders hinfahren würden, gäbe es das TFF nochmal. Ich mag das Flair, das drei Tage lang durch die Gassen der Kleinstadt strömt.

Vor allem aber liebe ich das Festival dafür, was es aus der Stadt und ihren Menschen macht. Diese Metamorphose, die schon Wochen vorher einsetzt und einen am Ende mit offenem Mund vor dem Ergebnis stehen lässt. Die Stadt, ein buntes Meer aus wabernden Leibern, das Schloss, ein Treffpunkt für die, die sich ein Jahr lang nicht sahen, der Park, nächtlicher Treff für alle, die nicht genug kriegen können.

Und mittendrin Menschen, die man zu kennen glaubt, und die doch für ein Wochenende ganz anders sind. Brave Bürger, die im Alltag ganz gut ohne Besuch auskommen, öffnen Türen und Herzen, soweit sie können und diskutieren am Frühstückstisch mit ihren TFF-Schlafgästen über Gruppen, deren Namen sie vorher nie gehört haben und hinterher nie wieder hören werden.

Arbeiter, die noch vor knapp einer Woche mit Deutschlandfahne vor dem Fernseher saßen und jeden Fehlpass der Engländer höhnisch kommentierten, kramen ihr 30 Jahre altes Schulenglisch aus, um dem Gast aus Samoa „the way to the castle" zu erklären. Zivilstreifen streifen in Zivil durch den cannabisgeschwängerten Heinepark und wollen im Rhythmus des Reggae alles, nur keinen Stunk. Sparkassenmanager öffnen 40 Meter vor der Bühne den obersten Hemdknopf und wippen mit der Masse der Kreditnehmer mutig mit.

Es ist das Gute, das das TFF in den Menschen zutage fördert. Dafür kann man es nur lieben.

Schönes Wochenende!

STARS UND STERNCHEN

„Ich bin im Fernsehen in bunt aufgetreten. Ich stell jetzt was dar, denn die nehm' ja nicht jeden", sang Gerhard Schöne schon zu Zeiten, als Castingshows noch so seltsame Titel wie „Herzklopfen kostenlos" trugen. Seitdem hat sich in der Medienwelt viel verändert, gleich geblieben ist aber die Magie bewegter Bilder.

Stellt sich der Zeitungsreporter auf den Saalfelder Markt und möchte die Menschen befragen, was sie von der Baumschutzsatzung halten, ist es manchmal knapp davor, dass er Prügel angedroht bekommt. Erscheint aber ein Fernsehteam an derselben Stelle, drängeln sich die Leute vor dem Mikrofon. Ich bin im Fernsehen.

Die Kollegen vom Rundfunk befinden sich in der nach unten offenen Nachrichtenjäger-Skala so etwa im Mittelfeld. Man kennt ihre Stimmen, aber man weiß nicht so richtig, wer dahintersteckt. Willi Wild ist für die Hörer von MDR 1 Radio

Thüringen schon so etwas wie Thomas Gottschalk für die Bayern-3-Hörer Ende der 70er Jahre, der schon damals mit dem Vorurteil vom Radiogesicht aufräumte, das im Fernsehen nicht vorzeigbar ist.

Wenn nun also Willi Wild und sein Reporterkollege Marko Ramm als Urlaubsvertretung in der Provinz aufschlagen, fliegen ihnen die Herzen zu. So ein sympathischer Junge, hieß es unisono bei der Saalfelder Taxi-Union, wo Wild Telefondienst schob, und nun über Ramm im Schmiedefelder Giftmischer. Da löffelt man als Zeitungsmensch im Leipziger Turm seine Kartoffel-Kräuter-Suppe und kann nur neidisch-beifällig nicken.

Eine der Kräuterfrauen aus Schmiedefeld muss mir die medialen Komplexe angesehen haben. Als der Radioreporter draußen gerade mit Ehrensalut verabschiedet wurde, klopfte sie mir auf die hängende Schulter: „Schreiben Sie weiter so gut wie bisher, junger Mann!" „Mach ich", sagte ich und straffte mich wie Günther Jauch bei der Anmoderation eines Stern-TV-Beitrages. Der Tag war gerettet.

Schönes Wochenende!

INFORZIANTEN

August Heinrich Hoffmann von Fallersleben, dem Texter unserer Nationalhymne, wird der Spruch zugeschrieben: „Der größte Lump im ganzen Land, das ist und bleibt der Denunziant". In den fast 200 Jahren seit der Niederschrift dieser Zeilen hat sich an der Wahrnehmung des Denunzianten als verabscheuungswürdiges Wesen wenig geändert.

Wollen Journalisten aber erfahren, was sich in den Hinterzimmern der Macht abspielt, wer mit wem kungelt oder wo welches Geschäft eingefädelt wird, sind sie auf Menschen angewiesen, die ihr Herrschaftswissen mit den Schreiberlingen teilen. Freundlicherweise – und um Missverständnissen vorzubeugen – nennen wir diese Menschen dann Informanten.

Mein erster Informant ist heute Ministerpräsident in einem ziemlich kleinen Bundesland und wird sich gewiss nicht mehr daran erinnern, wie er mir als Oppositionsführer im Landtag im Dezember 1991 gut 100 Seiten eines streng geheimen Untersuchungsberichtes kopierte, dessen Inhalt später in Thüringen für einige Aufregung sorgte.

Damals machte ich als blutiger Anfänger in meinem Beruf eine journalistische Ur-Erfahrung: Nutze die Interessen und du bekommst nahezu jede gewünschte Information! Schadet etwas der regierenden SPD, geh' zur CDU. Willst du etwas über die Machenschaften eines Unternehmens wissen, frag' die Konkurrenz. Suchst du Stimmen für ein Motorbootverbot auf dem Stausee, frag' die Angler. Die Welt ist voller Informanten.

Einer hat mir diese Woche erzählt, wie es ihm an einem Sommerferienvormittag in der Alterbucht des Hohenwartestausees erging, wo er mit seiner Familie eine Bootstour unternehmen wollte. Zwar lag die ganze Bucht voller Boote, die zum Ausleihen waren, aber alle waren ausgeliehen oder hingen zwecks Laden des Elektromotors an der Steckdose. Was es an Baulärm zu viel gab, gab es an Papierkörben auf der Liegewiese zu wenig. So wird das nichts mit der großen Tourismusnummer am Stausee, dachte sich der Informant.

Wobei er vielleicht nicht mit zwei cleveren Köpfen aus Munschwitz gerechnet hat. Was mit Autokupplungen funktioniert, muss auch mit dem Markennamen Thüringer Meer funktionieren, dachten sich die Marketingprofis Tobias

Rameder und Dirk Schöler. Zumindest einen Tag lang rauschte das freistaatliche Meer dann auch gewaltig durch den Thüringer Äther.

Mit dem ernüchternden Ergebnis, dass mir ein Jenaer Kollege auf die Frage, was er am Wochenende treibe, antwortete: Wir fahren zum Stausee.

Schönes Wochenende!

IM NÄCHSTEN LEBEN

Haben Sie sich auch schon mal gefragt, was Sie im nächsten Leben machen? Falls es eins gibt. Die Verlockung, darüber nachzudenken, wächst mit jedem Jahr, das verstreicht. Natürlich hat man als junger Mensch alle Hände voll damit zu tun, erstmal das vor einem liegende Leben zu meistern. Ich aber hatte gestern mein 20-jähriges Berufsjubiläum als Journalist. Nicht, dass es außer mir einer bemerkt hätte, aber nach zwei Jahrzehnten in einem Job, der Spaß macht, ist die Neigung, aus diesem Leben auszubrechen, nicht sehr ausgeprägt. Also denkt man darüber nach, was man im nächsten Leben macht.

Dazu muss man sich zunächst darüber klar werden, was einem wichtig ist. Soll das Geld im Mittelpunkt stehen, müsste man Millionärserbe oder Notar werden. Viel Freizeit hat man als Spielerfrau, die nur einmal in der Woche die blonde Mähne auf der Tribüne schütteln muss. Wollte ich Sicherheit, würde ich Beamter, bevorzugte ich Abenteuer, würde ich Weltumradler, ginge es mir mehr um Anerkennung, müsste ich Arzt werden, will ich die Welt verbessern, werde ich Klimaforscher oder grabe Brunnen in Afrika. Leider geht es mir um all das nicht genug. Mir reicht von allem ein Quäntchen – ein bisschen Geld, ein bisschen Freizeit, ein wenig Abenteuer usw.

Just in dieser Woche ist mir die ideale Mischung begegnet. Deshalb werde ich in meinem nächsten Leben Gerichtsreporter. Zwei Tage habe ich quasi im Landgericht Gera verbracht. Hier kommt alles zusammen: Verzweiflung und Verbrechen, Lüge und Liebe, Hass und Handschellen. Das kulminierte Leben findet seine Entsprechung im Gerichtssaal. Es gibt kaum einen Ort, an dem man mehr über die Menschen und das Leben lernt als vor Gericht. Wahrscheinlich ist es genau das, was ich will. Im nächsten Leben.

Schönes Wochenende!

RECHT UND GERECHT

Dass Recht und Gerechtigkeit mitunter verschiedene Dinge sind, räumte Richter Bernd Neidhardt nach dem vorgestern zu Ende gegangenen Prozess um den sexuellen Missbrauch eines kleinen Mädchens freimütig ein. Der Freispruch eines 61-jährigen Rudolstädter Taxifahrers sei im Sinne der Gerechtigkeit ein Fehlurteil. Aber dennoch rechtens, denn der alte Rechtsgrundsatz „in dubio pro reo" musste in diesem Fall Anwendung finden.

Auch wenn vieles für eine Verurteilung sprach, blieben letzte Zweifel. Was in dem Großraumtaxi tatsächlich vorgefallen ist, wissen nur das heute 13-jährige Mädchen und der Fahrer, der auf dem Drahtseil zwischen Freispruch und acht Jahren Haft wandelte. Einer von beiden hat nicht die Wahrheit gesagt.

Für die Anklagevertreter ist der Fall klar. Sie fragen sich, wie der Mann jemals wieder ruhig schlafen kann. Auch das lernbehinderte Mädchen wird sein Bild von Gerechtigkeit neu malen müssen. Bisher hatte es geglaubt, man müsse vor Gericht die Wahrheit sagen. Der Angeklagte aber hat zu den Vorwürfen geschwiegen.

Zu den wenigen Gerechtigkeiten im Leben gehört auf jeden Fall, dass wir alle älter werden. Damit wir das nicht vergessen, erinnern uns runde Geburtstage regelmäßig daran. Rudolstadts aktuell berühmtester Autor, Matthias Biskupek, der gestern 60 wurde, hat mir im Winter 1988/89 einen bemerkenswerten Brief geschrieben. Ich hatte dem damals schon bekannten Literaturkritiker ein paar Texte zur Begutachtung geschickt. Mein Aphorismus „DDR 40 – Warten auf die Wechseljahre" sei so gut, dass er unbedingt in einem größeren Text stehen müsse, schrieb mir Biskupek.

Mit fast 22 Jahren Verspätung geht sein Wunsch heute in Erfüllung. Manchmal braucht Gerechtigkeit eben Zeit.

Schönes Wochenende!

SUBJEKTIVE WAHRHEITEN

Wie schon vor Jahresfrist, als es um die Frage ging, wie viel Wahrheit in den Stasi-Akten steht, war auch am Dienstag dieser Woche der kleine Saal des Saalfelder Stadtmuseums überfüllt. Wieder ging es um die Vergangenheit, um unser Leben in der Deutschen Demokratischen Republik. Andrew Ports Buch über den Alltag in der DDR lockte die Menschen ins ehemalige Franziskanerkloster – trotz Dauerregen, trotz Villenbuch-Vorstellung, trotz Goethe-Gesellschaft, trotz Bundesminister Rösler in den Thüringen-Kliniken.

Die Schlüsse, die der amerikanische Geschichtsprofessor aus seinem Aktenstudium zog, reizten in der Mehrzahl zu Widerspruch. Auch zwei Jahrzehnte nach dem Mauerfall lassen sich Ostdeutsche nicht gern von Zugereisten erzählen, wie sie gelebt haben.

Dabei wird geflissentlich übersehen, dass die Quellen, die der Wissenschaftler als Grundlage seines Buches nutzte, auch jedem anderen zur Verfügung stehen. Die spannende Frage ist, ob Menschen mit ostdeutscher Sozialisierung zu den gleichen Erkenntnissen gekommen wären und wenn nicht, warum nicht.

Zweifellos funkt einem beim Nachdenken über dieses seltsame Land die eigene Biografie in die Erinnerung. Im Grunde gibt es in der Wahrnehmung mehrere Millionen Varianten der DDR. Da liegt Kant so falsch nicht, wenn er meint, es gebe kein Recht auf eine objektive Wahrheit, wohl aber auf eine subjektive.

Weniger über die Vergangenheit, dafür aber über zugkräftige Themen für die Zukunft diskutieren heute in Bad Blankenburg – nur wenige Hundert Meter Luftlinie voneinander entfernt – zwei ehemalige Blockparteien der Nationalen Front, die sich bei Wahlen in Thüringen gern ein Kopf-an-Kopf-Rennen liefern. Die Kreis-CDU hält ihren Programmparteitag in der Sportschule ab, die Linken treffen sich im Vereinshaus. Beiden würde es guttun, ehrlich zu ihrer Vergangenheit zu stehen.

Politikverdrossenheit kommt auch von der Unaufrichtigkeit mancher Politiker. Dass die Menschen nicht so schnell vergessen, haben sie am Dienstag in Saalfeld eindrucksvoll gezeigt. Und das ist auch gut so.

Schönes Wochenende!

DIE PARTEI, DIE PARTEI

Wissen Sie, was das Problem an großen Einheiten ist? Sie werden unübersichtlich. Die linke Hand weiß nicht, was die rechte tut, es werden Zwischenebenen eingebaut, die, außer sich selbst zu verwalten, nichts zu tun haben – und obendrauf kommt ein großer Wasserkopf. Gelernte DDR-Bürger kennen das vom VEB Kombinat XY, das wahlweise Wilhelm Pieck oder Ernst Thälmann hieß, in jedem Fall nebenbei Konsumgüter produzierte und quasi unregierbar war.

Heute heißt dieses Konstrukt Konzern, hat gern eine Monopolstellung im Markt und wirbt für sich, zum Beispiel, als „Unternehmen Zukunft". Unübersichtlich ist die Deutsche Bahn AG in jedem Fall. Fragen Sie mal einen Mitarbeiter der DB Cargo nach dem Fahrplan, Sie werden sich wundern. Oder einen der DB Netz nach dem Anschluss des nächsten ICE.

Deshalb gibt es innerhalb der DB Mobility Logistics AG auch Ansprechpartner für Presseanfragen. Die haben dann den weiß Gott undankbaren Job, in dem Riesenladen jemanden an die Strippe zu kriegen, der etwas weiß und es auch noch sagen darf. Hernach muss es so verpackt werden, dass die Bahn keinen allzu großen Schaden nimmt.

Weil das Tagesgeschäft der Bahn aber nun mal – ebenso wie bei Journalisten – in aller Öffentlichkeit abläuft, bleibt es so gut wie nie geheim, wenn ein Triebwagen den Dienst verweigert, der Fahrkartenkontrolleur betrunken ist oder 165 ICE-Passagiere den Saalfelder Bahnhofskiosk stürmen. Ich würde als Bahnsprecher in solchen Fällen einfach sagen: Sorry, seid froh, dass euch nichts Schlimmeres passiert ist.

Einen Bahnsprecher aber – und da sind wir wieder bei großen Einheiten – kriegen Sie an Krisentagen so gut wie nie ans Telefon. Also fragen Sie per Mail an. Nach der

Zugnummer des in Saalfeld gestrandeten ICE, was der Grund für den Stopp war und wann es wie weiterging. Die Antwort: In Saalfeld, sehr geehrter Herr Spanier, ist kein ICE gestrandet. Ende der Durchsage.

Mir fällt dazu nur noch der Text eines Liedes ein, das eigentlich erst am Ende der DDR populär wurde: Die Partei, die Partei, die hat immer Recht.

Schönes Wochenende!

DER STAAT SIND WIR

Geld an sich ist ja nichts anderes als ein Stück Metall oder ein Streifen Papier. Erst der Gegenwert macht es zum goldenen Kalb, um das so gerne getanzt wird. Für einen Euro zum Beispiel bekommt man einen Doppelpack Mars oder einen halben Glühwein. 66 Euro sind schon ein ordentlicher Batzen Metall, der nicht mal mehr in jedes Sparschwein passt. Für 66 000 Euro tragen die meisten Menschen ihr Fell mehrere Jahre zum Markte. Danach beginnt das Reich des schwer Vorstellbaren.

66 Millionen Euro – oder in Zahlen 66 000 000 Euro – hat der am Dienstag freigegebene Pörzbergtunnel samt Anbindungen gekostet. Mit diesem Betrag könnte der Landkreis 20 Jahre lang den Schülerverkehr subventionieren oder 30 Jahre lang sämtliche Kreisstraßen in Schuss halten. Stattdessen haben wir nun bei Schaala den vermutlich sichersten Landesstraßentunnel Europas, den das Land – weil privat vorfinanziert – in den nächsten 15 Jahren abstottern wird. Dass er ursprünglich mal 25 Millionen Euro kosten sollte, haben die Festredner am Dienstag vergessen zu erwähnen.

Längst hat man sich daran gewöhnt, dass kaum ein größeres Bauvorhaben in dem Kostenrahmen bleibt, der einst veranschlagt war. Ist der Spatenstich erst Geschichte, schnellen die Kosten gern mal in die Höhe. Wer will schon verantworten, dass Lebensadern gekappt werden, nur weil sie ein bisschen teurer werden? Schließlich kennen das die Steuerbürger – zumal in der Weihnachtszeit – aus eigenem Erleben.

Eigentlich sollte es für die Kinder zum Fest nämlich nur *ein* richtiges Geschenk geben, man möchte sie ja nicht verwöhnen. Dann sticht einem aber noch dieses und jenes ins Auge, und zum Schluss kommt der Weihnachtsmann gar nicht mehr mit Auspacken nach. So geht es dem Staat wie seinen Bürgern.

Frohes Fest!

GEFÜHLTE ZEIT

Ein Jahr ist ein Jahr ist ein Jahr. Es hat zwölf Monate, 52 Wochen oder 365 Tage, in Schaltjahren einen Tag mehr. Es ist quasi immer gleich lang. Gefühlt ist es mit den Jahren aber wie mit der Lufttemperatur. Manchmal kommt man bei minus fünf Grad ganz gut ohne Handschuhe aus, ein andermal fühlt man sich bei null Grad wie im tiefsten sibirischen Winter.

Das ist mit dem Zeitempfinden ähnlich. Es gibt Tage, die wollen überhaupt nicht vergehen, und solche, die wie im Fluge an einem vorbeirasen. Eine Stunde Fahrschulprüfung ist nie und nimmer so lang wie eine Stunde im Zahnarzt-Wartezimmer, ein fünfminütiger Flirt ist nicht wie fünf Minuten mit dem Chef am Hörer. Gleich gar nicht zu vergleichen sind die 20 Jahre nach der Wende mit den

20 Jahren davor. Und die Hinfahrt dauert grundsätzlich länger als die Rückfahrt.

Was ist es, dass uns die Zeit so unterschiedlich vorkommt? Wieso ticken die Uhren mitunter anders? Vergehen stressige Abschnitte womöglich schneller als entspannte Tage? Kommen uns sinnvoll ausgefüllte Wochen kürzer vor als Zeiten des Müßiggangs? Weshalb aber erzählen dann ältere Menschen im Ruhestand immer wieder, dass die Jahre schneller vergehen, je älter man wird?

Natürlich hat die Wissenschaft längst Antworten. Kurz gesagt: Ein objektiver Vorgang, der eine hohe geistige Tätigkeit erfordert, kommt uns länger vor, als ein Vorgang, bei dem man nicht nachdenken muss. Was für eine schöne Vorstellung, dass kontemplativ veranlagte Menschen zumindest vom Zeitgefühl her länger leben!

Was das Jahr 2010 betrifft, so haben wir Zeitungsmacher in dieser Woche gezwungenermaßen Rückschau gehalten. Und festgestellt, es ist viel passiert, über das sich nachzudenken lohnte und noch immer lohnt. Die persönliche Rückschau kann und soll das nicht ersparen. Denken Sie über sich und Ihr Jahr 2010 nach! Es ist nie zu spät, weder für Veränderungen noch für Dankbarkeit.

Schönes Wochenende!

URLAUB RISKANT

Wenn du denkst, es geht nicht mehr, kommt irgendwo ein Lichtlein her. Jeder kennt diesen Spruch, aber niemand seinen Ursprung. Meine Nachbarin hatte ihn mir ins Poesiealbum geschrieben, sie kannte ihn von ihrem Vater, der ihn im Krieg von einem Kameraden gehört hatte. Wahrscheinlich ist der

Spruch wie ein Lichtlein über die Menschen gekommen, als sie nicht mehr weiterwussten.

Unser Lichtlein waren in dieser Woche drei Praktikantinnen, die die wegen urlaubender und gesundheitlich angeschlagener Redakteure leeren Schreibtische in der Lokalredaktion besetzten. Und mithalfen, die Zeitung mit interessanten Geschichten und Fotos zu füllen. Praktikanten, in unserer Branche unerklärlicherweise zu 80 Prozent Mädchen und Frauen, gehen bei uns ein und aus. Über die Jahre dürften es über 100 geworden sein, die in den OTZ-Lokalredaktionen Saalfeld und Rudolstadt ihre ersten Schritte auf journalistischem Gebiet gingen. Entweder sie fingen Feuer und wussten fortan: Das ist es, was ich will. Oder sie stellten fest: Das ist nicht mein Ding, dort will ich nicht enden. In jedem Fall war ihnen geholfen. Meistens auch uns. Ehemalige Praktikanten von hier finden sich heute beim ZDF, beim KiKA, bei verschiedenen ARD-Anstalten, der Bild-Zeitung und natürlich der OTZ. Manche haben eine PR-Agentur gegründet, andere ein Fotostudio. Einen Teil haben wir auch aus den Augen verloren.

Eine der aktuellen Praktikantinnen kümmerte sich in dieser Woche um das Thema Frauenquote in der Wirtschaft. Und musste feststellen, dass der Zeitpunkt ganz ungünstig war. Weil in Thüringen Winterferien sind, befinden sich offenbar sämtliche Entscheiderinnen und Gleichstellungsbeauftragten des Landkreises im Urlaub. Dazu die Spitze der Oberweißbacher Berg- und Schwarzatalbahn, die Bosse des Forstamtes Leutenberg und das halbe Landratsamt. Blickte man von oben auf alle Arbeitsplätze des Kreises, war in der Ferienwoche gefühlt mindestens jeder dritte unbesetzt. So entstehen Informationslöcher, liebe Urlauber!

Urlaub ist und bleibt – ebenso wie Freizeit – eines der größten Risiken für unser Leben. Herzinfarkte brechen sich Bahn, Beziehungen driften auseinander, Muskelfasern reißen, Unfälle passieren. Geht am Montag wieder auf Arbeit, liebe Leute! Das ist besser für uns alle.

Schönes Wochenende!

LEBEN IM LEERLAUF

Wer einer geregelten Arbeit nachgeht und dabei nicht vor Langeweile stirbt, kennt den Effekt: Wird man plötzlich – wegen Urlaub oder anderer Unannehmlichkeiten – aus dem Berufsalltag gerissen, dreht der innere Motor noch eine ganze Zeit nach. Man ist mit den Gedanken auf Arbeit, das Loslassen fällt schwer. Mich zwang eine Sportverletzung zur unfreiwilligen Ruhe. Doch was heißt hier Ruhe! Nach der Phase des Nachdrehens, in der man hektisch im Alltag liegen gebliebene Arbeit erledigt, wartet die nächste Herausforderung: das Leben im Leerlauf. Ich habe vor ein paar Jahren jene zwei Drittel der Bevölkerung, die nicht von Arbeit leben, leichtfertig als Müßiggänger bezeichnet. Liebe Freunde, ich muss mich entschuldigen. Das Nichterwerbsleben ist wahrlich kein Zuckerschlecken.

Man kann sich als Werktätiger gar nicht vorstellen, wie viele Aufgaben auf einen warten. Ich, zum Beispiel, musste mich alle zwei Tage auf Unterarmgehstützen zur Physiotherapeutin schleppen, übernahm neue Aufgaben im Haushalt, Familienleben und bei der Auswahl des Fernsehprogramms. Eigentlich profane Tätigkeiten wie Einkaufen oder Kochen erlangen eine ganz andere Bedeutung. In den freien Minuten dazwischen müssen das gefährliche Internet überwacht, Börsenkurse kontrolliert und Bekanntschaften gepflegt werden. Irgendwann reagiert man sogar mürrisch auf Krankenbesuchsanfragen der Kollegen: Und wann bitte soll ich die Wäsche legen? Am Ende eines solchen Tages fällt man völlig fertig ins Bett und schläft auch noch unruhig, weil sich im Traum die letzten zwei Filme des Nachtprogramms und der gerade ausgelesene Roman zu einer beängstigenden Story vermischen.

Seit Montag darf ich wieder arbeiten. Langsam dreht der Motor hoch. Er stottert noch, produziert Fehlmeldungen wie vertauschte Hebesätze und verwechselt Buchstaben bei Familiennamen. Dafür bitte ich um Nachsicht. Nur wer nicht arbeitet, macht keine Fehler? Nicht mal das stimmt.

Schönes Wochenende!

ZWEITE LOHNTÜTE

Mit rund 80 Euro wird jede in Rudolstadt verkaufte Theaterkarte subventioniert. Das ist eine Menge und führte so manchen Kunstbanausen schon zu dem Gedankenspiel, er verzichte auf den Theaterbesuch und lasse sich stattdessen die 80 Euro auszahlen. Wer das viermal im Monat tut, ist fast auf Hartz-IV-Niveau angekommen, wer zwölf Vorstellungen sausen lässt, hat einen virtuellen Tausender in der Tasche.

Nach diesem Prinzip funktionierte schon die „zweite Lohntüte" zu DDR-Zeiten, mit der die Funktionäre zu erklären versuchten, warum die Löhne im Osten hinter denen im Westen deutlich hinterherhinkten. Schließlich strich der gemeine Werktätige im Arbeiter- und Bauern-Staat ja auch noch staatliche Subventionen beim Brötchenkauf, für Kinderbekleidung oder im

Gesundheitswesen ein. Ganz egal, ob er lieber Schwarzbrot aß, kinderlos war und keinen Arzt brauchte.

Für 10 000 Euro in harter Währung, also rund 20 000 Westmark, hätte mancher damals wahrscheinlich sogar freiwillig den „Schwarzen Kanal" geguckt. Diesen Betrag nämlich kassieren neun Dittersdorfer, die für über 90 000 Euro ein Glasfaserkabel voll Internet ins Haus gelegt bekamen. Als „zweite Lohntüte", versteht sich, denn von dem Geld sehen sie so wenig, wie die Werktätigen in der untergegangenen Volksrepublik.

Genug der Zahlen. Politiker mit Humor sind nicht sehr breit gesät. Da ist es wohltuend, einen Landratskandidaten zu erleben, der Fantasie und Humor hat. Wenn das Kreiswappen auf der Wahlwerbung nun mal verboten ist, was mir auch Ex-Innenminister Richard Dewes noch mal ganz staatsmännisch erklärte – danke nach Bechstedt – dann wird es eben auf dem Saalfelder Markt öffentlich zurückgerufen und mit einer „Zensur-Schere" getilgt.

Ansonsten ist der Wappen-Zwist wohl eher im Bereich Posse angesiedelt, der aber zwei Dinge deutlich macht. Erstens: Die Amtsinhaberin ist nervös. Zweitens: Der Umgang miteinander lässt zu wünschen übrig. Ein Anruf von Marion Philipp hätte genügt, um die Sache friedlich zu regeln. So wurde es PR-mäßig zum Eigentor. Da geht es mir als Journalist nämlich nicht anders als jedem Kicker: Wenn der Ball auf dem Punkt liegt, mach' ich ihn rein.

Schönes Wochenende!

KOLLEKTIVE DEPRESSION

Jena, die Stadt, in der ich seit fast 30 Jahren den Großteil meiner Nächte verbringe und in der alle meine Kinder geboren wurden, hatte vor ein paar Jahren eine interessante Marketingidee. Zugegeben: nicht so genial wie „Dreiklang" und nicht halb so genial wie „Val de Sale"; nein, man nannte sich schlicht „Lichtstadt".

Dass es in Jena besonders hell ist, ist mir weder vorher noch nachher aufgefallen, dennoch ist die Wirkung des Begriffes positiv. Licht steht für Klarheit, Durchblick, Energie. Licht wird in der Medizin als Heilmittel verordnet, es macht hell, freundlich und froh. So wie Jena gerne sein möchte.

Saalfeld, die Stadt, in der ich seit fast 20 Jahren den Großteil meiner Tage verbringe, ist gerade dabei, das Gegenteil zu tun. Ich weiß nicht, wer in der Stadtverwaltung die tolle Idee hatte, das Straßenlicht nachts aus Kostengründen auszuschalten – sie wird kläglich scheitern. Von 23 Uhr abends bis 5 Uhr morgens ist es in einem Dutzend als Teststrecke ausgewählten Saalfelder Straßen seit ein paar Wochen stockdunkel. Es sei, als laufe man gegen eine schwarze Wand, berichten Zeitungszusteller.

Nehmen die Bürger den Spartest anstandslos hin, wird es im Frühjahr in der ganzen Stadt dunkel. Das würde zwar fast eine halbe Million Euro Strom- und Lampenkosten sparen, der Schaden für die Stadt wäre aber kaum zu ermessen. Saalfeld als Dunkelstadt, in der der Letzte das Licht ausmacht. Was für ein Signal!

Dunkelheit steht für Angst, Undurchsichtigkeit, Verbrechen. Im Schutze der Dunkelheit wird seit Jahrhunderten geraubt, gesündigt und geschändet. Fehlendes Licht macht krank und depressiv. Kleine Kinder, die noch nichts Böses erlebt haben, fürchten sich im Dunkeln. Kein

Mensch käme auf die Idee, sich freiwillig des Lichtes zu berauben. Es sei denn, er sitzt im Saalfelder Rathaus.

Liebe Stadträte der Kreisstadt! Wenn ihr denn unbedingt sparen müsst, dann schaut in der Verwaltung nach, wo es noch Reserven gibt, erhöht meinetwegen die Gebühren für Bad, Museum und Bibliothek, bittet die Grundsteuerzahler zur Kasse, aber nehmt nicht den Menschen das Licht! Ihr nehmt ihnen Sicherheit und Vertrauen.

Schönes Wochenende!

FEST DES FRIEDENS

Zum Thema der sich arm rechnenden Kommunen, das sich über die gesamte Woche zog, ist erst einmal alles gesagt. Wenn genügend Sparvorschläge auf dem Tisch liegen, werden wir unsere Leser abstimmen lassen, wo sie sparen würden und wo nicht. Auf das Ergebnis bin ich schon jetzt gespannt.

Die nächsten Tage ist aber erstmal Weihnachtsruhe. Das Fest des Friedens macht aus Wölfen Lämmer. Die Polizei lässt ihre Blitzer im Depot, das Amt verschickt keine Beitragsbescheide und der in Unfrieden geschiedene Ex-Gatte quält sich am Telefon ein „Frohes Fest" heraus. Man muss es lieben, dieses Weihnachtsfest – will man es unbeschadet überstehen.

Das Aufeinanderhocken in der Enge des Familienkreises oder einer mit Heiden aufgefüllten Kirche birgt jede Menge Risiken. Womöglich brechen sich im Schein des Kerzenlichts Traumata der Kindheit ausgerechnet dann Bahn, wenn kein Psychotherapeut Bereitschaft hat. Oder man erkennt auf der beheizten Kirchenbank mit heißem Hintern und kühlem

Kopf, dass der eigene Sprössling beim Krippenspiel doch weniger Talent hat als der Balg des Nachbarn.

„Unter jedem Dach ein Ach", hat eine lebenskluge Ex-Kollegin von mir immer gesagt. Dass dies ausgerechnet Weihnachten anders sein soll, dafür gibt es keinen einzigen wissenschaftlichen Beweis. Bestenfalls werden die „Achs" für ein paar Tage verdrängt, um des lieben Friedens willen. Danach halten die kleinen und großen Dramen des Alltags wieder Einzug.

Da lob ich mir doch einen ehrlichen Skat unter Menschen, wie wir ihn am Dienstag zelebrierten. Eine Karte ist eine Karte ist eine Karte. Sie erwartet nichts, romantisiert nicht, heuchelt keine Überraschung, wo keine ist. Sie gehört dir oder dem Gegner. Dazwischen gibt es nichts. Am Ende hast du gewonnen oder verloren, hast mit Leuten, die dir angenehm und wichtig sind, geredet – niemals aber mehr als nötig.

Womöglich ist ein Skatabend das eigentliche Fest des Friedens, vielleicht war es schon mein Weihnachten. Es hat auf jeden Fall Spaß gemacht. Ich bin Zweiter geworden, hinter dem übermächtigen früheren Skat-Vizemeister von Venezuela. Weihnachten werde ich arbeiten. Ob das Spaß macht, weiß ich noch nicht.

Frohes Fest!

IMMER SCHÖN VORSICHTIG

Immer ist ein gefährliches Wort. Es hat so was Absolutes. Paartherapeuten raten in Beziehungskrisen von der Benutzung ab. „Du verweigerst dich immer dem Sex", klingt irgendwie endgültig. „Immer meckerst du an mir rum", hört sich nach einer verbrauchten Liebe an, die wie eine leere Wärmflasche auf der Leine des Lebens hängt. Da geht es dem „immer" wie dem „nie". Ein bisschen Zurücknahme täte beiden gut. „Selten" und „oft" tun es meistens auch.

Immer entfaltet aber in Verbindung mit dem Komparativ auch eine dynamische Wirkung. Deutschlands Senioren werden immer agiler, die Kinder immer dicker. In diesem Kontext steht der Satz „Die Einschläge kommen immer näher" für einen etwas laxen Umgang mit dem Tod. Mag das bei einem 25-Jährigen, der sich mit dem Ableben von Amy Winehouse beschäftigt, noch als Koketterie durchgehen, so werden mir inzwischen Jahr für Jahr wichtige Teile meines Er-Lebens geraubt.

Die Sterbetafel des Jahres 2011, die jetzt wieder für Quote sorgt, macht den Verlust deutlich. Joe Fraziers dritter Kampf gegen Muhammad Ali, der „Thrilla in Manila", begründete im zarten Alter von 14 Jahren meine Hassliebe zum Boxen. Christa Wolfs „Kassandra" las ich mit Mitte 20 als Mut machende Parabel auf ein Überleben in der Diktatur. Socrates, Brasiliens Kapitän bei den Weltmeisterschaften der 80er Jahre, hielt in mir den Glauben aufrecht, dass erfolgreiche Fußballer nicht zwangsläufig dumm sein müssen. Er starb als alkoholkranker Kinderarzt am 4. Dezember in Sao Paulo.

Einer aber überstrahlt alles. Bernhard-Victor Christoph-Carl von Bülow hat mich zum Lachen gebracht, wo mir zum Weinen war. Einen ganzen drögen Geburtstagsabend lang habe ich mit einer Seelenverwandten über Loriots Einfälle gelacht, die so witzig, so auf den Punkt gebracht sind, dass eine Steigerung nicht vorstellbar ist. Die ganze Schar der „Comedians", von Mario Barth bis Cindy aus Marzahn, er steckt sie locker in die Tasche mit einem Satz wie: „Ich will einfach nur hier sitzen". Loriot wird mir fehlen. Nicht immer, aber gelegentlich.

Guten Rutsch!

IM ZICKZACK

„Die Leser verstehen alles, außer Humor, Satire und Ironie", schrieb mir ein Chefredakteur ins Stammbuch, als ich noch ein ganz berufsjunger Journalist war. Seitdem arbeite ich daran, ihn zu widerlegen. Es gibt glückliche Momente, in denen das zu gelingen scheint. Es gibt aber auch Rückschläge.

Betrachte ich mir Leserbriefe der vergangenen Tage, in denen ich mit Nächstenliebe überhäuft werde, so muss ich einigen Lesern der Weihnachtausgabe wie der Grinch vorgekommen sein. Das grüne Männchen aus dem Film von Ron Howard verabscheut aus leidvoller Kindheitserfahrung Weihnachten. Deshalb stiehlt der Grinch in der Verkleidung des Weihnachtsmannes die Geschenke der Bewohner seines Ortes.

Ich habe aber gar keine schlechten Kindheitserinnerungen, jedenfalls nicht an Weihnachten. Nicht ganz zufällig heißt diese Kolumne „Meine Woche". Es geht darin um meine Erlebnisse, Gedanken, Gefühle. Dass mir ein Skat im Advent besser gefällt als ein arbeitsreiches Weihnachten ist freilich schwer zu verstehen, wenn man immer frei hat. Ich will aber, um Gottes Willen, gar niemanden zum Skat bekehren, schon gar keine humorlosen Hüter der Moral, die jede Kartenrunde zum vergnügungssteuerfreien Ereignis machen.

Ein Problem habe ich allerdings mit erhobenen Zeigefingern, mit Sätzen, die anfangen mit „Du sollst" oder „Du sollst nicht". Ich kann nichts dafür, es ist Ergebnis meiner Biografie, vielleicht ein genetischer Defekt, keine Ahnung. Womöglich kommt es daher, dass es mir schwerfällt, mich als Teil einer Herde von Schafen zu begreifen, denen der Hirte schon irgendwie den Weg weist.

Da stürze ich lieber im Zickzack durchs Leben, ecke mal hier an und mal dort, hole mir Beulen und blaue Flecken. Und fühle mich frei dabei. Niemals aber werde ich jemandem empfehlen, es genauso zu tun.

„Meine Woche" ist – wie die gesamte Zeitung – kein Gebot, sondern ein Angebot. Im besten Fall ein bereicherndes, anregendes, Mut machendes.

Die Geschichte vom Grinch geht übrigens gut aus. Am Ende erkennt der kleine Weihnachtshasser die Bedeutung des Festes, gibt die Geschenke zurück und feiert mit. Vielleicht sollte ich das nächste Weihnachtsfest einfach bei meinen Kritikern feiern. Es wäre mir ein Vergnügen. Ich bring' auch Pizza mit.

Schönes Wochenende!

SIBIRIEN AN DER SAALE

Wenn es um artikulierte Meinungsstärke geht, dann fallen einem unwillkürlich zwei Namen ein: Dr. Wolfgang Künzel und Dr. Werner Thomas. Jede Zeitung kann sich glücklich schätzen, die so zuverlässige Leserbriefschreiber hat. Letzterer schickte uns am Donnerstag per elektronischer Post eine Nachricht von hohem Nutzwert. Unter der Betreffzeile „Eislaufen und Eishockey" schreibt der Rudolstädter Ex-Landrat wörtlich: „Der Monhauptsteich kann ab sofort für den Betreff genutzt werden. Meine persönliche Belastungsprüfung der Tragfähigkeit der Eisschicht war erfolgreich. Dieser kann vertraut werden, weil ich in 46 Jahren Eislaufpraxis nie einbrach."

Abgesehen davon, dass nach dieser Logik jeder bei Rot über die Fußgängerampel gehen dürfte, weil mich in 46 Jahren Rotlichtvergehen noch nie ein Lkw überrollt hat, habe ich in dieser Woche schon den Eindruck gewonnen, dass uns die Kälte irgendwie verändert. Ein guter Freund von mir fährt seinen alten Transporter jeden Morgen eine halbe Stunde spazieren, weil er sich berechtigte Sorgen um den Ladezustand der Batterie macht. Unsere Katze verweigert hartnäckig den Gang ins Freie und lässt mich in Internetforen recherchieren, wie lange so eine Katze eigentlich nicht müssen muss.

Meine persönliche Belastungsprüfung ist der konsequente Verzicht auf Handschuhe. Handschuhe, finde ich, machen den Unterschied zwischen Lappen und Waschlappen. Thüringens früherer Vorzeigebiathlet Sven Fischer war bekannt dafür, dass er rund um Chanty-Mansijsk 20 Kilometer ohne unterwegs war. Da werde ich wohl den schlappen Kilometer zwischen Saalfeld/Saale Hbf und City ohne Handschuhe überstehen! Dass mir die Hände bei minus 18 Grad schon nach 200 Metern flegelhaft und ohne mein Zutun tief in die Hosentaschen rutschen, muss einer Laune der Natur geschuldet sein. Oder dem fehlenden Gewehr auf meinem Rücken.

Weil es heute womöglich noch kälter wird, hier noch ein kleiner Tipp: Nehmen Sie sich ein warmes Bier aus dem Kühlschrank und trinken Sie es auf dem Balkon aus. Ist immer noch besser, als einen Schnaps zu lutschen. Das machen Lappen bei minus 60 Grad.

Schönes Wochenende!

BEINAHE PÜNKTLICH

Berufstätige, die dem Übermutsalter entwachsen sind und noch nicht ständig über Altersteilzeit nachdenken, pflegen nach meiner Beobachtung zumeist einen Fahrstil, der sich geschwindigkeitstechnisch um etwa 20 Prozent über dem Erlaubten bewegt. 120 auf der Landstraße, 60 innerorts. Die Fahrweise kommt meinem Empfinden entgegen. Was daran liegen könnte, dass ich genau ins oben erwähnte Altersraster passe. Leicht genervt bin ich zuweilen, wenn jemand dieses Muster ohne Not durchbricht. Leute, die inner- wie außerorts 70 fahren beispielsweise, sind höchst ärgerlich.

Am Montag, ich war gerade unterwegs nach Bad Blankenburg, wo Sozialministerin Heike Taubert einen Pflegedienst besuchen wollte, fuhr ab Kahla ein Audi vor mir, der sich in den Orten penibel ans Tempolimit hielt. War das Ortsausgangsschild passiert, trat er gewaltig aufs Gas. Vermutlich ist sein Flensburger Punktekonto voll, dachte ich, zumal er ein Erfurter Kennzeichen fuhr.

In Uhlstädt, an der Engstelle zwischen Schule und Gemeindeamt, machte der Audi einen leichten Schwenk nach links und rasierte prompt den Spiegel eines entgegenkommenden Autos. Beide Fahrzeuge fuhren rechts ran. Auf dem weiteren Weg dachte ich darüber nach, wie viel Pech der Mann eigentlich hatte. Hätten die Blockaden der Uhlstädter vor 20 Jahren gefruchtet, es gäbe längst eine Ortsumfahrung. Wäre die Großbaustelle Pößneck ein Jahr eher gekommen, der zweite Bauabschnitt der B 88 in Uhlstädt wäre längst fertig. Und hätte er seinen Audi sechs Wochen später in diese Richtung gelenkt, er wäre gar nicht erst bis Uhlstädt gekommen, sondern durch Hexen- und Hirschgrund gerollt.

Als ich in Bad Blankenburg ankam, wurde mir offeriert, die Ministerin werde sich verspäten. Ein Unfall. „In Uhlstädt?!" dachte ich laut. „Woher wissen Sie das?", fragte der Gastgeber zurück, der gerade jemanden losgeschickt hatte, um Heike Taubert am Unfallort abzuholen.

Leider hatte ich im Vorbeifahren nur dem Fahrer einen mitleidigen Blick zugeworfen und nicht auf die Rückbank gesehen. Sonst wären wir beide pünktlich gewesen. Die Ministerin und ich.

Schönes Wochenende!

JUHU MIT VIVALDI

Der Frühling ist da, kein Zweifel. Ein paar Tage zu früh, aber wen kümmert's. Heißt ja auch Frühling. Und nicht Spätling.

Schon die Art der Begrüßung des ankommenden Frühlings verrät viel über den Absender. „Jaaa!", „Yes" oder „Yup" jubelt der sozial aktive Berufsjugendliche. Falls er das Ereignis nicht lediglich mit einem Smiley bei Facebook quittiert. „Juhu", sagen Leute, die in keine Disko mehr kommen. Noch ältere Jahrgänge gehen in den Garten, breiten die Arme aus und holen tief Luft. Oder die Eterna-Schallplatte mit Vivaldis „Vier Jahreszeiten" aus dem Regal. Die Coolen unter uns heben – wie immer, wenn sie etwas schwer emotional berührt – eine Augenbraue. Die ganz Coolen fahren in den Skiurlaub, was sie genau genommen von November bis April ständig tun. Dass diese Gruppe deckungsgleich mit den paarungswilligen Gutverdienern ist und es im Grunde mehr um Party und weniger um Sport geht, sei nur am Rande erwähnt, denn es hat mit Frühlingsgefühlen nichts zu tun. Die haben sie sowieso ganzjährig, 24 Stunden am Tag. Weil sie es können.

Unsereins befindet sich sozusagen in einem Zwischenstadium. Zu alt für ein „Yup", zu arm für St. Moritz und zu beschäftigt für Vivaldi. Frühling bedeutet einerseits Befreiung von der Last schwerer Winterklamotten. Andererseits lassen sich dadurch die Problemzonen weniger gut verstecken. Man ist nicht mehr kritiklos hingerissen, ins „Juhu" mischt sich unwillkürlich immer ein „Aber". Zunehmend erfreut man sich an den kleinen Dingen. Wie diesem süßen Igeljungen, das ein Saalfelder Facebook-Freund postete.

Anfragen zum Après-Ski beantworte ich jetzt gerne mit dem Satz „Ich bin zu alt für den Scheiß!" Der passt übrigens in fast jeder Lebenslage. Probieren Sie's mal aus!

Schönes Wochenende!

VERZICHTEN AUF DEN VERZICHT

Alle Werktätigen, die nicht gerade Lehrer sind oder einer anderen privilegierten Bevölkerungsgruppe angehören, wissen, was ich meine: Nach einer Woche Arbeit kommt einem Ostern so weit weg vor wie Afrika den Lappen. Dabei ist das Fest der Auferstehung neben Gottesdienst, Eiern und Hasen für immer mehr Menschen mit einem weiteren Ritual verbunden: dem Fastenbruch. Nach sechseinhalb Wochen bewussten Verzichts auf liebgewordene Gewohnheiten des Alltags erstmals wieder zu „dürfen", ist nur zu vergleichen mit der kindlichen Freude auf das Lieblingsessen, dem Besuch der Großeltern oder beim Abholen nach neun Stunden im Kindergarten.

Dabei liegt die Betonung auf „liebgewordene" Gewohnheiten. Sich zwischen Aschermittwoch und Ostersonntag den Badeurlaub zu verkneifen, gilt nicht, liebe Freunde. Auch das Fasten von Lebertran, Steuererklärungen und Putzen entspricht nicht wirklich dem Sinn der Passionszeit.

„Gut genug! Sieben Wochen ohne falschen Ehrgeiz," war das Motto der diesjährigen Fastenaktion der evangelischen Kirche. Was vielleicht für Schafe, nicht aber für Wölfe ein Anreiz ist. Wer sich schon am Rosenmontag gut fühlte, kann doch am Aschermittwoch nicht plötzlich falschen Ehrgeiz entwickeln, um anschließend auf ihn zu verzichten. Nein, es muss schon weh tun.

Autofasten wäre für viele unvorstellbar, Fernsehfasten sowieso. Ich kenne inzwischen auch eine ganze Reihe von Leuten, die würden es aber sowas von schmerzlich vermissen, hätten sie fast zwei Monate keinen Zugriff aufs Internet. Sieben Wochen ohne Facebook – wie soll man das überleben? Es gibt aber auch Genüsse, denen kann man beim besten Willen nicht aus dem Weg gehen, wenn man sich nicht verbarrikadiert. Musik etwa, Freunde oder Wahlplakate.

Ohnehin nutzt sich das herkömmliche Fasten ab wie alles im Leben. Der zehnte Fastenbruch ist nur noch halb so schön wie der erste. Es wird Zeit für neue Formen. Antizyklisch fasten zum Beispiel. Von Ostern bis Aschermittwoch. Oder Fasten fasten. Man verzichtet auf den Verzicht. Klingt irgendwie gut. Vielleicht probiere ich das nächstes Jahr mal aus.

Schönes Wochenende!

BIER MIT BLUME

In den wilden Siebzigern, als die Nachbarn im Süden noch CSSR und BRD hießen und im Fußball-Europacup Mannschaften mit so seltsamen Namen wie Lokomotive Leipzig und Wolverhampton Wanderers gegeneinander spielten, saßen wir manchmal auf dem Campingplatz meiner Kleinstadt und redeten. Eine Horde von Elftklässlern, vor denen das Leben lag wie die mitteldeutsche Tiefebene – endlos und schön. Die Eltern eines Klassenkameraden hatten dort einen Campingwagen stehen. Wenn das Bier alle war, ging jemand mit dem 20-Liter-Eimer in die „Mohrrübe", die Kantine der benachbarten Kleingartensparte, um Nachschub zu holen. Es war so ziemlich das Kulturloseste, was ich in meinem Leben gemacht habe. Aber es war schön. Wir redeten viel über Mädchen und ein bisschen über Schule. Manchmal stritten wir über Politik, obwohl man nie wusste.

Vor ein paar Tagen trafen wir uns wieder. In einer Kneipe meiner Kleinstadt, die wir für zünftig hielten. Den Campingplatz gibt es nicht mehr, die „Mohrrübe" ist zu und die Eltern des Schulfreundes haben jetzt eine Ferienwohnung auf Fuerteventura, was uns ein bisschen aufwändig schien für die paar Stunden.

Wir haben jetzt nämlich ein Zeitproblem. Wir sind Radiologe, Justiziar, Unternehmer für Sondermüll, Wohnungsverwalter oder Fernfahrer. Ein Kieferorthopäde, der seit der Wende so viel Geld verdient hat, dass er es den Rest seines Lebens nicht mehr wird ausgeben können, hat mit Ende 40 seinen Job an den Nagel gehängt und ist jetzt auf der Suche nach sich selbst. Er passte irgendwie nicht in die Runde.

Wir redeten viel über unsere Arbeit und ein bisschen über Frauen. Alte Geschichten wurden aufgewärmt. Der

Radiologe und der Unternehmer für Sondermüll stritten darüber, ob Röntgenstrahlen Gammastrahlen sind. Ich hatte keine Ahnung, deshalb sah ich in meinem Smartphone nach. Bei Wikipedia. Das machte mich für einen Moment interessant. Fünf Minuten später fragte mich jemand, was eigentlich aus mir geworden sei. Ein Halbwissender mit Smartphone, sagte ich. Es interessierte ihn nicht wirklich. Das Bier mit Blume entfaltete allmählich seine Wirkung.

Schönes Wochenende!

AUFRÄUMEN MIT GERÜCHTEN

Wenn der Sonntag schon mit zur neuen Woche gehört, wie ich einst lernte, dann begann diese Woche arbeitsreich. Am Wahlabend noch alle Ergebnisse und Stimmen ins Blatt zu bekommen, ist immer wieder eine Herausforderung für Zeitungsmacher. Gewinnen kann immer nur einer, euphorische Freude und bittere Enttäuschung liegen so eng beieinander wie ein frisch verliebtes Paar.

Weil ich es von jeher mit dem früheren Tagesthemenmoderator Hanns-Joachim Friedrichs halte, der Journalisten ins Stammbuch schrieb, sie mögen sich nicht gemein machen, „auch nicht mit einer guten Sache", habe ich an diesem Abend weitgehend Abstand gehalten von den Matadoren, stattdessen bis in die Nacht Wahlnachrichten und Reaktionen aus Thüringen im Internet verfolgt.

Mit Ausschlafen war es dennoch aus mehreren Gründen nichts. Einer davon rief mich am Montagfrüh um 7.33 Uhr auf dem Handy an, um bei mir eine OTZ zu bestellen. Er wolle es mir persönlich sagen, nach diesem Wahlergebnis. Der Mann wird seine Zeitung kriegen.

Was mich irritierte, ist die Tatsache, dass er mich in Verbindung brachte mit dem Ausgang der Wahl. Und weil mindestens zwei Leute derselben Meinung waren und zu dem Schluss kamen, sie müssten die Zeitung abbestellen, ist hier ein ernstes Wort angebracht.

Ich habe, liebe Freunde, persönlich überhaupt nichts gegen Frau Philipp. Ich wehre mich aber dagegen, Nachrichten zu unterdrücken, nur weil eine Wahl ansteht. Kein einziges Wort dessen, was wir über IKEA-Einkäufe oder Sparkassenspendenbegleitschreiben veröffentlicht haben, ist bisher widerlegt. Statt mit Fakten werden wir mit Gerüchten konfrontiert, mit denen ich gern mal aufräumen würde.

Weder bin ich der Schwiegersohn von Hartmut Holzhey, noch ist er meiner. Weder war ich sein Wahlkampfberater, noch werde ich Pressesprecher im Landratsamt. Ich war nicht in der NSDAP, nicht in der SED und auch sonst in keiner Partei, weil Parteidisziplin meinem Wesen widerstrebt. Ich habe keine Punkte in Flensburg, kein Konto in der Schweiz, nicht mal eine Affäre, mit wem auch immer. Wir sind Journalisten, die ihre Arbeit machen. Nicht mehr. Und nicht weniger.

Schönes Wochenende!

WENN ES ANDERSHERUM KOMMT

Haben Sie sich schon mal überlegt, was mit Ihnen passiert, wenn es wieder andersherum kommt? Ich schon. Volker Brauns Erzählung „Die hellen Haufen", die in Rudolstadt 2013 auf die Bühne kommt, dreht die Geschichte weiter. Die Kalikumpel von Bitteroda gehen nicht in die Auffanggesellschaft, sondern starten einen Arbeiteraufstand, der das Land ins Wanken bringt. Kunst darf das, darf Angst machen oder Hoffnung, schadenfroh oder erschrocken.

Doch was, wenn das im richtigen Leben passiert? Wenn nach einer Fusion von SPD und Linken die Diktatur des Proletariats auf lokaler Ebene zurückkehrt? Wenn Marion Philipp von der neuen Einheitspartei als kommissarische Vorsitzende des Rates des Kreises eingesetzt wird und als erste Maßnahme die Firma Loquitztrans verstaatlicht?

Im Kreistag käme man noch halbwegs klar, weil sich hinter der führenden Partei die Blockflöten von CDU und FDP wieder in der Nationalen Front einreihen könnten. Für die Wirtschaft gibt es wieder Pläne, aus Arbeitnehmern werden Werktätige mit einem Einheitslohn von 200 Euro, von denen maximal 30 Cent pro Quadratmeter für Miete ausgegeben werden.

Das gute alte DDR-Brötchen ohne Luft ist für fünf Cent zu haben und damit genau so teuer wie eine Stoffwindel, die aus ökologischen Gründen zwangseingeführt wird. Den Windeleimer gibt es vom Rat des Kreises zur Geburt gratis dazu. Hartz IV-Empfänger werden auf staatliche und gesellschaftliche Organisationen wie Sportbund, Gewerkschaft und deutsch-kubanische Freundschaftsgesellschaft verteilt, wo sie zwar nichts zu tun haben, aber eben auch nicht mehr arbeitslos sind. Das Theater Rudolstadt erhält den Ehrentitel „Volker Braun" und spielt bis zur Fertigstellung dramaturgischer Auftragswerke zunächst frühe Stücke von Steffen Mensching.

Die Lokalredaktion der OTZ wird von der Kampfgruppe besetzt und der verantwortliche Redakteur in einem Schauprozess wegen Volksverhetzung zu fünf Jahren Zuchthaus verurteilt. Dort darf er zur Wiedergutmachung ein

Buch unter dem Titel „Agitator im Auftrag des Klassenfeindes" schreiben. Ich fang lieber schon mal an.

Schönes Wochenende!

KEINE AHNUNG VON NICHTS

Seit gestern gehen die Uhren anders. Fußballfreunde fieberten dem Ereignis entgegen, das bis zum 1. Juli die Aufmerksamkeit auf sich ziehen wird: die Europameisterschaft.

Meine erste Begegnung mit dem Phänomen Fußball fand vor dem Fernseher statt, der damals noch in Schwarz-Weiß funkte und wo man zum Umschalten noch den Hintern aus dem Sessel heben musste. Mit staunenden Kinderaugen stellte ich fest, wie mein ansonsten recht phlegmatischer Vater erstaunliche Gefühlswallungen zeigte, wenn der BFC Dynamo mal wieder zum DDR-Meister gepfiffen wurde. Derartige Emotionen hatte ich bei ihm sonst nur erlebt, wenn ich ein Glas Schattenmorellen aus Versehen über das Sofa schüttete.

Den Zusammenhang von Fußball und Wirtschaft erkannte ich später in Jena, als Arbeitsmoral und -produktivität im Kombinat VEB Carl Zeiss immer dann anstiegen, wenn der ruhmreiche FCC im Europapokal erfolgreich war. So gesehen müssten die Werktätigen in Jena heute eigentlich generalstreiken.

Was Fußball mit Politik zu tun hat, ging mir Mitte der 90er Jahre auf, als mir ein Landratskandidat im Vertrauen verriet, dass er eigentlich von nichts richtig Ahnung habe – außer von Fußball. Kurz vor der Wahl zog er sich beim Fußball eine Verletzung zu. Und unterlag deutlich. Damals dachte ich kurz darüber nach, in die Politik zu gehen. Schließlich hatte ich auch von nichts Ahnung.

Meinen Fußballsachverstand schärfte ich in den folgenden anderthalb Jahrzehnten im Gespräch mit anderen Fußballvatis und –muttis an den Spielfeldrändern von Eisenberg bis Vier- und Marschlande. Was mich vor einem Vierteljahr in die Lage versetzte, in meiner Kolumne „Haltlose Ahnungslose" vorauszusagen, dass die Bayern am Ende der Saison vor allem eines sein werden: titellos. Einen Tipp für die EM verkneife ich mir deshalb an dieser Stelle. Wir wollen schließlich alle noch ein bisschen Spaß haben.

Schönes Wochenende!

KLEINER GRAUER PAPAGEI

Er habe in dieser Woche oft an einen Witz denken müssen, den ich ihm mal erzählt habe, sagte mir Hartmut Holzhey, 20 Jahre lang Transportunternehmer und seit Sonntag parteiloser Landrat des Kreises Saalfeld-Rudolstadt. Weil das jetzt sozusagen ein staatstragender Witz und zum Verständnis der Geschichte wichtig ist, sei er hier kurz referiert. Ein Mann kommt in die Zoohandlung und will einen Papagei kaufen. Auf der Stange sitzen zwei große bunte Aras und ein kleiner grauer Papagei. Er zeigt auf einen der Aras und fragt nach dem Preis. „1 000 Euro", sagt die Verkäuferin. Der Mann ist erstaunt. "1 000 Euro! Was kann der denn?" „Deutsch und Englisch", sagt die Frau. „Und was kostet der andere bunte?" fragt der Mann. „2 000 Euro", kommt es zurück. „Wie bitte?!" „Na, der kann Deutsch, Englisch und Mandarin", sagt die Verkäuferin. „Dann nehm' ich vielleicht doch den kleinen Grauen", sagt der Kunde. „Können Sie haben, aber der kostet 10 000 Euro". Der Mann ist schockiert. „10 000 Euro", wiederholt er. „Und was kann der?" „Tja", sagt die Verkäuferin, „was der kann, weiß ich nicht. Aber die beiden anderen sagen Chef zu ihm."

Abgesehen davon, dass sich nicht nur Landräte gelegentlich fragen sollten, ob sie wirklich der große grüne Kaktus sind oder doch eher der kleine graue Papagei, zeigt die Holzheysche Selbstreflexion, warum der Mann am 22. April so deutlich gewählt wurde. Der 54-Jährige ist das, was man „echt" nennt. Einer aus dem Leben, einer zum Anfassen. Keine Kunstfigur mit auswendig gelernten Sätzen. Wo andere Politiker ins Bild springen, sobald eine Kamera gezückt wird, geht Holzhey in Deckung. Im Grunde ist er für den Politikbetrieb völlig ungeeignet, alles andere als ein Ara. Genau das hat ihn für viele wählbar gemacht.

Die spannende Frage wird sein, wie lange er sich das bewahren kann. Wird er das Amt verändern oder verändert das Amt ihn? „Das Sein bestimmt das Bewusstsein", postulierte ein heute nicht mehr wohl gelittener Philosoph aus Trier, dessen Thesen Hartmut Holzhey als Parteisekretär seiner LPG nicht verborgen geblieben sein dürften. Vielleicht gelingt es ihm, Marx zu widerlegen. Leicht wird das nicht.

Schönes Wochenende!

BEAUFTRAGTER
FÜR BEAUFTRAGTE

Das Ehrenamt, so nimmt man an, zeichnet sich dadurch aus, dass es eine Ehre ist, es auszufüllen. Im Unterschied zum Hauptamt muss der Ehrenamtliche nicht davon leben. Er arbeitet, zumeist zumindest, unentgeltlich.

Weil einige Ehrenämter aber bedeutender sind – und wohl auch, weil man sonst niemanden findet – werden die Helden des Alltags immer häufiger entschädigt. Als Übungsleiter im Sportverein, als Chorleiter, als Ortsteilbürgermeister. Der Kreistag machte am Dienstag den Versuch, in die neue Hauptsatzung ein paar Oberehrenämter aufzunehmen. 160 Euro pro Monat soll es dem Entwurf zufolge für den Behindertenbeauftragten, den Integrationsbeauftragten, den Demografiebeauftragten, den Kreisheimatpfleger und den Kreiswegewart geben.

Was, um Himmels Willen, ist ein Demografiebeauftragter? wollte ein Kreistagsmitglied wissen und spornte die Fantasie der Anwesenden an. Eine Art staatlich bestallter Zuchtbulle?

Mir ging bei der Heimfahrt durch den Kopf, was man noch so alles für Posten erfinden könnte, um die Kreiskasse zu erleichtern. Als „Beauftragter für sexuell Frustrierte unter 40" fielen mir sofort ein paar heiße Kandidaten ein, der Job als „Beauftragter für Hanfanbau" dürfte nicht weniger lukrativ sein. Aber auch Sangesbeauftragte, Hundebeauftragte oder Kleingartenbeauftragte wären ein echter Gewinn für Gesellschaft und Demokratie.

Behinderten-, Integrations-, Kinder- und Hierbleiberbeauftragte könnten unterm Dach eines Randgruppenbeauftragten zusammengefasst werden, der zusammen mit dem Normalo-Beauftragten und dem Seniorenbeauftragten eine koordinative Führungsgruppe bilden müsste, über der – zum Beispiel zur Schlichtung von strittigen Fragen – der „Beauftragte für Beauftragte" thronen könnte.

Damit der sich wiederum nicht verselbstständigt, bräuchte es eines Sicherheitsbeauftragten, der in Absprache mit dem Datenschutzbeauftragten festlegt, was zum Öffentlichkeitsbeauftragten und von dort an die Medien durchkommt. Im Zweifelsfall nichts! Die haben nämlich ein gespaltenes Verhältnis zum Beauftragtenwesen. Ignoranten, diese.

Schönes Wochenende!

6 AUS 49 FÜR EINGESPERRTE

Wenn Sie zur schweigenden Mehrheit der Deutschen gehören, die zwar wissen, wie ein Computer angeht, spätestens beim Bedienen des Internets aber Schweißausbrüche bekommen, lesen Sie am besten gar nicht weiter. Hier geht es um Insiderwissen, um Smartphones, Apps und andere Belanglosigkeiten, für die es partout keine deutsche Entsprechung gibt. Wer möchte sich schon eingestehen, dass sein Telefon klüger ist als er selbst und über Anwendungen verfügt, von denen Sebastian Kneipp nicht mal zu träumen wagte?

Nehmen wir zum Beispiel das Wetter. Das ist unverdächtig, weil altmodisch. Wetter gab es schon, als unsere Vorfahren ihren Chat noch mit simplen Trommeln vollzogen. Selbst als ich mit einem Schwarz-Weiß-Fernseher, vier von Sendeschluss bedrohten Kanälen (zwei Ost, zwei West) und mittendrin Klaus Feldmann in der „Aktuellen Kamera" heranwuchs, war auf das Wetter Verlass. Sagte die Wetterfee, es wird schön, konnte man sicher davon ausgehen, dass es regnet. Wurde ein Wolkenbruch vorhergesagt, packten wir die Badehose ein. Der Wetterbericht war eine Lotterie – 6 aus 49 für Eingesperrte.

Heute habe ich auf meinem Telefon, das eigentlich ein fotografierender Miniaturrechner ist, eine Wetter-App, die mir stundengenau in Sekundenschnelle sagt, dass die

36-Grad-Celsius-Hitzewelle in meiner Lieblingsstadt New York erstmal vorbei ist, während in meiner Sehnsuchtsstadt Barcelona konstant der Sommer herrscht, den wir hier auch gerne hätten. Wische ich mit dem rechten Daumen einmal über das Display, taucht Zürich auf, wo es im Moment fünf Grad wärmer ist als in Saalfeld.

Wer heute als vernetzter Mensch ein Grillfest oder einen Wassersporttag plant, schaut nicht aus dem Fenster, sondern in den Regenradar im Internet. Der zeigt exakt an, wo es wann wie geregnet hat, wohin der Niederschlag gerade zieht und wann es uns erwischt. Entkommen zwecklos.

Der meistgebrauchte Spruch an der Ostsee – „Da hinten wird's hell!" – kann im Zeitalter des stets verfügbaren Allwissens nur noch müde belächelt werden. Hell ist es, wo ein Smartphone leuchtet.

Schönes Wochenende!

EINE FRAGE DES RESPEKTS

Thüringens ranghöchste Politikerin besuchte gestern den Landkreis. Wie geht man mit jemandem um, der mit einem Federstrich über das Schicksal von tausenden Landesbediensteten entscheidet? Respektvoll, keine Frage.

Keine Frage? Womit verdient man sich Respekt? Mit einem Amt, mit Macht? Sicher nicht. Ich hatte nie Respekt vor Leuten wie Honecker, Mielke oder meinem Kompaniechef bei der Nationalen Volksarmee, die ihre Macht nutzten, um Leute klein zu machen.

Autoritäten sind für mich Menschen, die durch eigene Leistung überzeugen und ihre Stellung dazu nutzen, Menschen glücklicher, selbstbewusster, größer zu machen. Die sich selbst nicht schonen und das vorleben, was sie von anderen erwarten. Leute, die für ihre Überzeugung, ihren Lebensentwurf streiten, ohne Rücksicht auf die Folgen.

Ich habe großen Respekt vor Christen, die ihren Glauben leben. Vor Firmenchefs, die mit ihren Entscheidungen das Auskommen hunderter Familien sichern und dabei das Menschliche nicht aus den Augen verlieren. Vor Müttern und Vätern, die ihre Karriere zurückstellen, um für ihre Kinder da zu sein, wann immer die es brauchen. Vor erwachsenen Kindern, die ihre Eltern pflegen. Vor ehemals Verliebten, die um eine Beziehung kämpfen, in der nicht jeden Tag die Sonne scheint. Vor Alleinerziehenden, allein Lebenden und all denen, die jeden Tag ihre Arbeit machen, so gut sie können. Der Alltag ist voller Helden.

Ich weiß nicht, welche dieser Kriterien Christine Lieberknecht erfüllt. Ich kenne sie zu wenig. Sie ist mir aber lieber als Honecker, Mielke und mein Kompaniechef. Ich habe eine Ahnung davon, welche Verantwortung sie trägt, und ich habe den Eindruck, sie geht nicht leichtfertig damit um.

Ein Freund hat mir zu DDR-Zeiten mal gesagt, wenn der Respekt zu groß wird, solle man sich die Autoritäten einfach mit heruntergelassener Hose auf der Kloschüssel vorstellen. Die seien nämlich auch nur Menschen. Damals waren die Autoritäten meistens männlich. Ich weigere mich ausdrücklich, diese Faustformel auf unsere Ministerpräsidentin anzuwenden. Ich habe nämlich Respekt. Vor dem, was sie leistet. Auch an einem heißen Tag wie gestern.

Schönes Wochenende!

ZECKEN IM SPÄTSOMMER

Ich bin kein großer Freund offizieller Anlässe. Wenn irgendwo zum Spatenstich geladen wird und gleich neben dem Modell das Buffet dampft, möchte ich am liebsten wieder kehrtmachen. Wenn der Bratwurstrost hinter der Richtkrone ein Lächeln in die Gesichter der adipösen Wichtigkeiten zaubert, gefriert mir der Kugelschreiber in der Hand. Und wenn mich jemand beim heiligen Akt der Einweihung mit Namen begrüßt, fühle ich mich zurückversetzt in den Schulhofappell in der dritten Klasse, als ich wegen eines ungewöhnlich hohen Hochsprungs vortreten musste. Panikattacken sind gar nichts dagegen!

Der Vorteil des Daseins als Reporter ist, dass man sich bei den meisten offiziellen Anlässen ganz gut im Hintergrund halten kann. Während Fotografen und Kameramänner im Laufe der Zeit jedem bekannt sind, fragt man sich bei unsereinem ständig: Ist der Typ mit Block und Stift nun der Prokurist der Baufirma, der Protokollant des Ministers oder ein Presse-Heini?

Was den weiteren Vorteil hat, dass man sich unerkannt Gedanken machen kann abseits der Reden. So habe ich mich am Rande des Spatenstichs für den 30-Millionen-Euro-Neubau der Psychiatrie am Dienstag in Saalfeld nicht nur gefragt, wieso der Akt gerade jetzt sein muss, wo es doch frühestens im Februar losgeht, sondern auch, wie viele der gut 1 300 Mitarbeiter der Thüringen-Kliniken zu einem solchen Anlass abkömmlich sind. Um die 30 dürften es bestimmt gewesen sein. Hinzu kommen Vertreter weiterer Unternehmen, Behörden und Politiker, die nichts weiter tun, als da zu sein und zu essen. So wie eine Zecke im Spätsommer.

Wenn es mal wieder einen Stau, einen Stromausfall oder eine Umleitung gibt, rechnen Experten gerne den volkswirtschaftlichen Schaden aus. Wieso rechnet eigentlich niemand den Schaden aus, der durch kollektives Nichtstun bei offiziellen Anlässen entsteht?

Schönes Wochenende!

JUBILÄUM IM LUMPENSAMMLER

Es gibt in Beziehungen einen Zeitpunkt, da mischt sich unter all die sonstigen Gefühle ein Hauch von Nostalgie. Bei Silberhochzeiten kann man das gut beobachten, wenn die Braut mit mildem Blick zu sagen scheint: Die bessere Hälfte haben wir hinter uns, mein Schatz! Meistens passiert er unmerklich um das 20. Jubiläum herum, dieser gedankliche Seufzer, den man in einer Mensch-Hund-Beziehung nie erleben wird, weil Hunde nun mal nicht so alt werden.

Mir ging es in dieser Woche so, als mir schlagartig bewusst wurde, dass ich seit ziemlich genau 20 Jahren eine innige Beziehung mit der Bahnlinie 560 pflege, die im Stundentakt Jena und Saalfeld verbindet. Voller Euphorie kaufte ich mir im ersten Jahr eine Jahreskarte, die auch das Benutzen des InterCity mit erlaubte. Rund 1 300 Mark legte ich 1992 dafür hin. Würde ich das gleiche Geld, umgerechnet in Euro, 2013 aufwenden, reichte es für ziemlich genau drei Monatskarten. Die Jahreskarte, inklusive ICE, kostet jetzt zwischen Jena und Saalfeld 2 166 Euro.

Weil zwar der Preis meines Produktes, nicht aber mein Einkommen ähnlich rasant angestiegen ist, fahre ich im Jubiläumsjahr konsequent mit dem Nahverkehr. Auch dort hat sich vieles verändert, nicht nur preislich. Als Leser von

Zeitungen aus Papier bin ich inzwischen ein Exot, als Nicht-Träger von Kopfhörern ebenfalls.

Am Mittwoch um 22.57 Uhr stieg ich in Rudolstadt in den leicht verspäteten Spätzug, den man früher "Lumpensammler" nannte, klemmte mein Fahrrad hinter eine Stange im Gang und setzte mich auf einen der beiden Viererplätze mit Blick auf mein Rad. Plötzlich setzte sich der einzige weitere Fahrgast im Abteil – ein Student der Elektrotechnik, wie sich herausstellte – zu mir. Wenn man schon zusammen fahre, könne man auch zusammen sitzen, grinste er mich an.

In Bruchteilen von Sekunden schossen mir mehrere Horrorszenarien durch den Kopf, während ich mich gleichzeitig an die Nahkampfausbildung bei der NVA zu erinnern versuchte. Der junge Mann aber, der mich ebenso konsequent siezte wie ich ihn duzte, wollte nur reden. Ein Verirrter im Bahnuniversum der Vereinzelung. Mein Geschenk zum Jubiläum.

Schönes Wochenende!

SCHLAFEN WIE EIN PORNOSTAR

Vielleicht geht es nur mir so, aber ich habe das dumme Gefühl, dass wir immer mehr von Studien überschwemmt werden. Längst kommen die nicht mehr nur vom sprichwörtlichen „amerikanischen Wissenschaftler". Beispiele aus dieser Woche gefällig?

Am Dienstag vermeldete der seriöse Onlinedienst des „Spiegel", dass Pornodarstellerinnen glücklicher sind als die Durchschnittsfrau. Sie schlafen besser, haben mehr Freude am Leben und am Sex sowieso.

Am Mittwoch erfuhr ich im Radio, dass das soziale Netzwerk Facebook angeblich arm und dick macht. Dick wegen der Bewegungsarmut vorm Rechner, arm wegen des gesteigerten Selbstbewusstseins der Facebook-Gemeinde, das zum Kaufrausch verleitet. Außerdem vernahm ich, dass man bei Vollmond nur dann schlechter schläft, wenn entweder das Zimmer nicht abgedunkelt ist oder man daran glaubt, bei Vollmond schlechter zu schlafen. Sensationelle Erkenntnis!

Am Donnerstag schließlich versorgte mich ein Branchendienst mit der Nachricht, Alkohol helfe gegen Demenz. Allerdings erinnere ich mich nach dem Genuss von zwei Gläsern Rotwein nicht mehr genau an die Mechanismen, die dafür sorgen sollen.

Wie sehen die Menschen aus, die solches Wissen verbreiten? Mich beschleicht der Verdacht, dass da eine ganze Armada von Soziologen, Dramaturgen und Biologen unterwegs ist, die nach Sprachreisen, Erasmus-Stipendien und 17 Semestern Studium erkennen mussten, dass für sie kein Platz in der Realwirtschaft ist. Weshalb man im zarten Alter von 33 lieber weiter unter die kuschelige Decke der Uni kriecht, um die Menschheit mit Studien zu beglücken, die vielleicht nicht die Welt retten, aber immerhin für eine Schlagzeile taugen.

Und so stelle ich mir den gemeinen Wissenschaftler, der solches verzapft, als Facebook-Nutzer mit 600 Freunden vor, der vielleicht lieber ein Pornodarsteller geworden wäre, auch wenn über den Glückszustand der männlichen Akteure dieser Spezies noch gar nichts bekannt ist. Wiewohl zu vermuten ist, dass die nach einem anstrengenden Drehtag zumindest besser schlafen als wir. Selbst bei Vollmond.

Schönes Wochenende!

WIE HEISST TORSTEN RICHTIG?

Irgendwo in diesem verdammt schönen Landkreis hat jeder seinen Lieblingsplatz. Für die einen ist es der Parkplatz vor der Diskothek, wo man zum ersten Mal seine Jugendliebe küsste. Für andere der Bungalow am Hohenwartestausee, das Waldbad in Rückersdorf oder die Terrasse hinterm Eigenheim. Meistens hat es mit besonders schönen, ganz persönlichen Erlebnissen zu tun. Fast immer mit Heimat.

Ich bin da noch ein bisschen unschlüssig. Ich mag diesen Landkreis als Ganzes, mit all seinen Unzulänglichkeiten. Irgendwann habe ich mich mal in einem Anfall von Leichtsinn für die Berichterstattung aus den autonomen Gebieten der Saalfelder Höhe jenseits von Arnsgereuth bis fast nach Neuhaus bereit erklärt. Es war keine Liebe auf den ersten Blick, aber eine nachhaltige.

Dass man sich oberhalb von 400 Höhenmetern prinzipiell duzt, habe ich als Bewohner des Saaletals noch als Ausdruck einer Schicksalsgemeinschaft hingenommen, die im Winter Dinge durchmacht, von denen man in Saalfeld und Rudolstadt keinen Schimmer hat. Meine vornehmste Aufgabe in den Gemeinderäten zwischen Kleingeschwenda und Lichte ist es deshalb, nach den Nachnamen der Diskutanten zu fragen. Wie heißt Torsten richtig? Unter welchem Namen wurde Burkhard einst gewählt?

Manchmal gönne ich mir den Luxus, nach einem geselligen Abend mit Fedor, Michael und Antje gleich in der Bergwelt zu übernachten. Wolfgang Schäuble, der sich in der Höhe meines individuellen Steuersatzes an den Übernachtungskosten beteiligt, wird es mir nachsehen.

Der eigentliche, steuerlich nicht absetzbare Vorteil besteht aber darin, dass ich beim Frühstück eine Ausgabe der OTZ in den Händen halte, über deren Lokalteil nicht „Jena und

Umgebung" steht. Ich bin, ein Schmiedefelder Brötchen kauend, Teil der Leserschaft. Ein überaus kritischer übrigens. Ich ärgere mich über Fehler mindestens so wie Sie. Ich freue mich über gelungene Stücke und ich bin bei all dem ein stinknormaler Hotelgast, der sich ein bisschen wie ein Nassauer fühlt, wenn er das zweite Glas O-Saft holt. Womöglich bin ich dabei, einen Lieblingsplatz zu finden. Mitten in Bock & Teich.

Schönes Wochenende!

EIN FEST FÜR KINDER

Weihnachten, davon bin ich fest überzeugt, ist ein Fest für Kinder – im weitesten Sinne also ein Fest der Familie. Was man als Kind mit Weihnachten verbindet, begleitet einen durch den Rest der Feiertage, die wie das berühmte Murmeltier in Punxsutawney Jahr für Jahr zuverlässig zurückkehren, um was auch immer zu verkünden.

Bei mir zu Hause gab es eine eherne Regel, die zu Weihnachten besonders streng überwacht wurde: nur eine Sendung im Fernsehen pro Tag. Das war schon hart, wenn man sich zwischen Professor Flimmrich und einem russischen Märchen entscheiden musste. Oder zwischen Meister Nadelöhr und Schussfahrt nach San Remo.

Offenbar aber handelten meine Eltern schon damals weitsichtig, denn eine halbe Diktatur und 20 verflogene Jahre später empfiehlt die Bundeszentrale für gesundheitliche Aufklärung genau dasselbe: Fernsehverbot für Kinder unter drei Jahren, kein Fernseher oder Computer während der Mahlzeiten, keine Empfangsgeräte im Kinderzimmer und maximal eine Sendung am Tag.

Bei diesem Härtetest übernehmen die öffentlich-rechtlichen Sender offenbar die Rolle des Mephisto. So brachte die ARD am Mittwoch zwischen 13.40 und 17.40 Uhr vier Märchenfilme hintereinander: Des Kaisers neue Kleider, König Drosselbart, Hänsel und Gretel sowie Allerleirauh, das zu DDR-Zeiten entweder verboten war oder an mir vorbeigegangen ist. Vier Filme in vier Stunden! Geht's noch? Die Erklärung kam mir am Ende von Hänsel und Gretel: Womöglich ist das Weihnachtsprogramm der ARD nur ein so geschickter wie geheimer Vorbereitungskurs auf die Multioptionsgesellschaft, die schon bald auf die Kleinen wartet. Welchen Stammkurs wähle ich, was wähle ich ab? Mache ich nach der Schule eine Ausbildung, ein FSJ, auf Bufdi oder schöpferische Selbstfindung? Sollte ich bei Work and Travel das Arbeiten weglassen? Studiere ich gleich was Richtiges oder doch erst Philosophie?

Ich habe übrigens alle vier Märchenfilme hintereinander geguckt. Ich bin ein bisschen durcheinandergekommen, aber das passiert mir bei drei „Tatorten" am Abend auch. Manchmal ist es einfach clever, erwachsen zu sein.

Schönes Wochenende!

VON GLÜCK UND ZEIT

Ein ganzer Berg voll guter Wünsche hat die Lokalredaktion in den vergangenen Wochen erreicht. Dafür sei an dieser Stelle allen ganz lieb gedankt, die an uns dachten. Auch wir wünschen unseren Dauer-, Ab-und-zu-, Papier- und Online-Lesern nur das Beste im Restjahr 2013. Doch was ist das Beste?

Fragt man die Leute nach ihren Wünschen, steht Gesundheit meist ganz oben auf der Liste. „Ein gesundes neues Jahr" wünscht man sich für gewöhnlich in der Silvesternacht. Schließlich taugt die beste Krankheit nichts.

Ich persönlich wünsche lieber Glück, weil es quasi die Gesundheit einschließt, aber eben noch viel mehr. Die meisten Leute werden ja nicht krank, weil sie ungesund leben, sondern weil sie Pech haben. Pech mit dem Beruf, der Arbeitsstelle, der Familie. Pech mit der Wahl der Sportart, dem Vorgesetzten, den Genen. Wäre es nicht längst zu spät, könnte man sich bessere Gene wünschen. Oder einen ergonomischen Arbeitsplatz gegen die Rückenbeschwerden.

Eine gute Bekannte wünschte mir zum Geburtstag Gelassenheit, gute Ideen, jeden Tag was Erfreuliches, kluge Menschen um mich herum, Zeit für mich und alles, was ich mir wünsche und was man sich nicht kaufen kann. Gesundheit und Glück wünschte sie mir nicht. Vielleicht weil ich so gesund und glücklich wirke.

Die wirklich wichtigen Dinge im Leben kann man sich ohnehin nicht kaufen, auch wenn das einige gut Betuchte womöglich anders sehen. Und einige ganz arme Schlucker womöglich auch. Geld macht tatsächlich nicht glücklich, und wenn man zu viel davon hat, beruhigt es auch nicht, sondern fabriziert zusätzlichen Stress. Man muss dann auf langfristig sichere Anlagen achten, auf richtige und falsche Freunde, funktionierende Überwachungstechnik am Eigenheim, einen guten Steuerberater und alle, die vorzeitig aufs Erbe schielen.

Deshalb wünsche ich allen, die diese Kolumne lesen, neben einer Riesenportion Glück vor allem Zeit, um sie mit denen zu verbringen, die einem lieb und manchmal auch teuer sind: Kinder, Eltern, Freunde.

Nichts schmerzt am Ende der Tage so sehr wie die Zeit, die man mit unnützen Dingen verschwendet hat.

Schönes Wochenende!

AMBOSS ODER HUMMER SEIN

Vergleiche sind die Würze der Sprache. Nichts geht über einen schönen Vergleich. Und nichts führt zu solch großen Wallungen wie ein missverständlicher Vergleich.

In Deutschland schlagen die Wogen immer dann hoch, wenn Diktaturen ins Spiel kommen. Wer möchte schon gern mit Goebbels verglichen werden? Oder mit Stalin? Kein Demokrat, nirgends.

Dass Vergleiche immer hinken, ist eine Binsenweisheit. Seit Peer Steinbrück aber die Gehälter von Berufspolitikern wie der Bundeskanzlerin mit denen von Sparkassenvorständen verglich, geht es nicht mehr bloß um Äpfel und Birnen, sondern um Pflaumen und Avocados, um Neuner oder Gössner, Amboss oder Hummer. Der SPD-Kanzlerkandidat erhob den Vergleich quasi zum Aromat in der Suppe, zum universellen Verstärker des schlechten Geschmacks.

Seit ich also ahne, dass Alfred Weber in Saalfeld mehr verdient als Angela Merkel in Berlin, frage ich mich nicht mehr, was oder wen man vergleichen kann, sondern was oder wen nicht? Darf man die Kassiererin im Supermarkt mit einer Arbeitsvermittlerin in der Bundesagentur für Arbeit vergleichen? Die eine wird knallhart gekündigt, wenn sich die Kundenzahl halbiert, die andere arbeitet butterweich weiter.

Darf man ungestraft privates und öffentlich-rechtliches Fernsehen vergleichen, private und staatliche Musikschulen? Pfui Teufel! Wir zahlen doch alle gern. Ist es womöglich opportun, das Waffenrecht in den USA mit dem Tempolimit auf deutschen Autobahnen zu vergleichen? Beides fordert Tausende von sinnlosen Opfern, ist für die jeweilige Nation aber eine Art Inbegriff von Freiheit.

Ist es schon kriminell, ein Spielcasino mit einem Theater zu vergleichen, wo Geld unterm Applaus des Publikums lustvoll auf offener Bühne verspielt wird? Muss man mit Anwaltsschreiben rechnen, wenn man das Gehalt des AWO-Geschäftsführers ins Verhältnis setzt zu dem der Schicht arbeitenden Pflegefachkraft und zu dem Schluss kommt: Es ist was faul im Staate Dänemark?

Die Antwort weiß ganz allein der Peer. Der hat die Diskussion nämlich angestoßen.

Schönes Wochenende!

ÜBER BILDUNG UND ERZIEHUNG

Wer zu DDR-Zeiten, ob als Kindergärtnerin oder Lehrer, beruflich mit dem Nachwuchs zu tun hatte, dem werden angesichts der aktuellen Thüringer Bildungspolitik die Ohren klingen.

Wir kamen auf ein gutes halbes Dutzend Déjà-vus, als ich in dieser Woche gemeinsam mit Lichtes Regelschulleiterin Birgit Zimmermann einmal nachzählte, welche Elemente inzwischen in den Schulalltag zurückgekehrt sind. Der Hort, der es Eltern erst ermöglicht, einer Vollzeiterwerbstätigkeit nachzugehen, war zwar nie ganz verschwunden, feiert jetzt aber als Ganztagsschule fröhliche Urständ. Die Thüringer Gemeinschaftsschule ist nichts anderes als die Rückkehr der Polytechnischen Oberschule (POS) in modernem Gewand. UTP (Unterricht in der Produktion) oder PA (Praktische Arbeit) sind in Form von Schülerpraktika Pflicht, Arbeitsgemeinschaften (AGs) halten sich hartnäckig.

Selbst die Erziehung der lieben Kleinen, nach der Wende als ideologischer Ballast verpönt („Schule bildet, aber erzieht nicht"), hält durch die Hintertür wieder Einzug. Jetzt nämlich sollen „soziale Kompetenzen" der Schüler entwickelt werden.

Was offenbar auch bitter nötig ist, denn die Voraussetzungen beim Eintritt in die Schule sind so unterschiedlich wie nie. Während die einen schon das kleine Einmaleins können, muss anderen erst beigebracht werden, wie sie sich die Schuhe binden. Noch zeitigt der „Bildungsplan", der den Kindergärten verordnet wurde, nicht überall die erhofften Früchte.

Themawechsel: Schön wäre es, wenn auch der Letzte zur Kenntnis nähme, dass Saalfeld sehr wohl zur Umgebung von Rudolstadt gehört, wie auch umgekehrt Rudolstadt zur Umgebung von Saalfeld. Weshalb der Bericht über eine Saalfelder Brauerei auf einer Lokalseite „Rudolstadt und Umgebung" durchaus Berechtigung hat, zumal ich eine ganze Menge Rudolstädter kenne, die Saalfelder Bier schätzen; auch deshalb, weil wir auf die seit gefühlten 15 Jahren angekündigte eigene Brauerei in Rudolstadt wohl doch noch länger warten müssen.

Bis die steht, trinken Menschen aus Saalfeld und Umgebung freiwillig und ohne jeden Anflug von Lokalchauvinismus weiter Schlörsäfte aus Kirchhasel.

Schönes Wochenende!

VON WEGEN VOLKSVERTRETER

„Demokratie ist die schlechteste aller Regierungsformen – abgesehen von all den anderen Formen, die von Zeit zu Zeit ausprobiert worden sind." Winston Churchills legendärer Spruch, den er am 11. November 1947 in eine Rede im Unterhaus einflocht, wird auch in der südostthüringischen Provinz regelmäßig mit Leben erfüllt.

Dabei handelt es sich mitunter schlicht um Systemfehler. Beispielsweise, wenn die Vertreter der Wohlfahrtsverbände im Jugendhilfeausschuss des Kreistages über die Verteilung von Wohltaten mitdiskutieren, die ihnen und ihren Mitarbeitern direkt zugutekommen. Oder wenn in der Gemeinschaftsversammlung einer Verwaltungsgemeinschaft ausgerechnet die Bürgermeister darüber zu entscheiden haben, ob die VG aufgelöst wird, die Garant dafür ist, dass sie als Ortschefs weiterhin Aufwandsentschädigung erhalten und bestimmen, welcher Verwandte in Bauhof und Verwaltung welchen Job bekommt. Man soll nicht die Frösche fragen, wenn man den Sumpf trockenlegen will.

Auch im Kreistag, dessen Wirken ich seit nunmehr zwei Jahrzehnten verfolge, stoße ich regelmäßig auf solche Widersprüche. Ist es etwa kein Interessenkonflikt, wenn die AWO-Armada im Parlament darüber befindet, ob ein Bildungszentrum entsteht, von dem sie später profitieren will? Müssten sich nicht alle Bürgermeister und Verwaltungsmitarbeiter im Kreistag für befangen erklären, wenn es im Haushalt um die Höhe der Kreisumlage und damit um das Geld für die eigene Stadt oder Gemeinde geht? Was ist mit den Führungskräften von staatlichen Orchestern und Kliniken? Volksvertreter oder Vertreter in eigener Sache?

Gewählt wurden sie alle, um die Interessen ihrer Wähler zu vertreten. Doch wer weiß schon, was die wirklich wollen. Wahrscheinlich jeder was anderes, also vertritt man sich im Zweifel lieber selbst. Ein Ausweg aus diesem Dilemma fällt mir so wenig ein wie einst Winston Churchill. Selbst Berufspolitiker, die finanziell abgesichert sind, sind oft genug ihr eigener Kompass. Der perfekte Volksvertreter ist parteilos, vereinslos, interessenlos, joblos und vermögend. Doch würde den jemand wählen?

Schönes Wochenende!

MACHT DER GEWOHNHEIT

In den 90er Jahren gab es mal eine Verkehrskonferenz für die Region, in der viele wichtige Leute über Züge, Busse und Straßen diskutierten. Veranstaltungsort war das Kulmberghaus, wo man außer mit dem Auto nur noch zu Fuß hinkommt. Geschickt ist anders.

In dieser Woche nun machten sich drei Landräte und ein Oberbürgermeister auf den Weg nach Berlin, um bei Bundesverkehrsminister Peter Ramsauer dafür zu werben, dass nach Fertigstellung der ICE-Neubaustrecke durch den Thüringer Wald auf der Saalebahn wenigstens noch drei ICE-Zugpaare verkehren, statt der zwei, die die Bahn ohnehin schon anbietet.

So stiegen also Christian Meißner aus Lichtenfels, Gerhard Wunder aus Kronach, Hartmut Holzhey aus Saalfeld und Albrecht Schröter aus Jena in ihren jeweiligen Residenzorten in den ICE, der sie schnell und bequem in die Bundeshauptstadt brachte, bewunderten die Schönheiten des Saaletals, kamen sich menschlich näher und besprachen eine gemeinsame Strategie für den Kurzauftritt beim Minister. Auf der Rückfahrt zückte Holzhey dann die Skatkarten, während Schröter eine Flasche Kümmerling auspackte, um auf die Brüderschaft anzustoßen.

So hätte es sein können. Tatsächlich aber setzte sich jeder der vier Kommunalpolitiker in seinen Dienstwagen, hetzte nach Berlin, wurde durch die Ramsauer-Schleuse gelotst und sauste wieder zurück. Glaubwürdiger Einsatz für eine vernünftige Fernverkehrsanbindung der Region sieht anders aus, meine Herren!

Hartmut Holzhey hat nach eigenem Bekunden auf der Rückfahrt wenigstens über diesen Widerspruch nachgedacht. „Macht der Gewohnheit", lautet seine Entschuldigung.

Letztlich sind wir an vielen Dingen, die wir später als Verlust empfinden, selbst schuld, weil wir sie einfach nicht oder zu wenig nutzen. Der Dorfkonsum lässt grüßen.

Schönes Wochenende!

VIELE IDEEN, WENIG GELD

Rudolstadts Stadtobere fallen immer mal wieder durch – sagen wir mal – unorthodoxes Handeln auf. Mal verfrühstücken sie auf dem Weg Bausparverträge, die für die Schlussrate des Leasingvertrages zur Schillerschule gedacht waren, um anschließend die Schulträgerschaft dem Landkreis anzudienen. In Schwarza rodet man die Fläche rund um das Kulturhaus der Chemiearbeiter, obwohl noch gar nicht klar ist, ob hier jemals ein Einkaufszentrum entstehen wird. Und in der Innenstadt gibt es jetzt ein schönes, buntes Vier-Sterne-Hotel – auf dem Papier. Es fehlt lediglich die Kleinigkeit eines Investors.

Wenn sich dieses Verfahren bundesweit durchsetzt, etwa als „Rudolstädter Weg", ist die Zeit des Darbens für Werbegrafiker und Prospektdruckereien ein für allemal vorbei. Jeder kann sich dann Empire State Building in den Garten malen lassen und damit auf der Messe für Geldgeber werben. Auch wenn es noch ein Stück hin ist bis zur nächsten Wahl, sollten sich potenzielle Bürgermeisterkandidaten schon mal auf Ideensuche begeben. Mit dem „Rudolstädter Weg" ließen sich spielend eine Seilbahn zur Heidecksburg, eine Raketenabschussrampe in Cumbach oder ein Pumpspeicherwerk in Volkstedt bauen. Wobei das Hotel gegenüber dem Kraftwerk einen kleinen Vorteil hat: Es dürfte wenigstens am TFF-Wochenende profitabel sein.

Es ist halt ein großes Ärgernis in der Menschheitsgeschichte, dass Ideen und Geld selten gemeinsam daherkommen. So wie auch Geld und Zeit, Geist und Schönheit, Weisheit und Jugend. Entweder man hat das eine oder das andere. Oder man ist Zeitungsredakteur. Dann hat man von allem nichts.

Finden sich doch einmal Geld und Ideen, dann gibt es garantiert eine Behörde, die etwas dagegen hat. Nicht nur Tobias Rameder kann ein Lied davon singen. Der bekennende Wahl-Thüringer, der mit dem Verkauf von Autoteilen ein kleines Vermögen gemacht hat, wäre übrigens eine elegante Lösung für alle Rudolstädter Probleme. Weil es aber auf der ganzen Welt mehr Probleme als Geld gibt, kann er sich im Moment kaum retten vor Anfragen von Leuten, die alle nur sein Bestes wollen. Oder wenigstens seine Telefonnummer.

Schönes Wochenende!

HERRLICH UNVOLLKOMMEN

Versetzen wir uns also in Ihre Lage: Sie sitzen am Frühstückstisch in Ihrer Küche. Es gibt aufgebackene Brötchen aus dem Tiefkühlfach, weil man bei diesem Wetter keinen Hund auf die Straße scheucht. Die Marmelade schmeckt, als hätte jemand heimlich die Schimmelschicht entfernt. Sie haben einen Verdacht, wer das war. Sie stellen fest, dass zwar die Katze noch genauso da liegt wie am Abend zuvor, das Kerzenlicht Ihrem Partner aber deutlich besser zu Gesicht stand als der graue Morgen. Sie machen eine Bemerkung zur Katze.

Sie haben die Zeitung, in die Sie einen ganzen Euro investiert haben, einmal komplett durchgeblättert und festgestellt, dass Sie das meiste darin gar nicht interessiert. Kurzum: Sie sind leicht genervt. Diese Kolumne haben Sie sich für den Schluss aufgehoben wie das Frühstücksei, das wahrscheinlich wieder eine halbe Minute zu hart ist, obwohl Sie das bestimmt schon hundert Mal angemeckert haben. Sie wollen bei diesem Wetter keinen Spiegel vorgehalten bekommen, sondern Mehrwert!

Wie wäre es also mit einem ganz persönlichen Wochenendtipp? Meine Empfehlung, liebe Freunde, ist komplett wetterunabhängig, politisch unkorrekt und gilt zu jeder Jahreszeit: Schauen Sie sich den Alltag Ihrer Mitbürger an, es gibt nichts Interessanteres als andere Menschen! Wie wäre es zum Beispiel mit einem Kindertagsbesuch in einem Gaudipark? Während draußen der Regen aufs Dach trommelt, hüpfen drinnen entfesselte Achtjährige wie wild auf sechs Trampolinen herum, kriechen Väter zu Diskomusik mit ihren Sprösslingen durch Labyrinthe, während sich Mütter nach Pommes mit Ketchup die Beine in den Schwangerenbauch stehen. Ein Mordsspaß!

Wer es ein bisschen ruhiger mag, kann auch in einen Baumarkt fahren, Tempel der Rast- und Ruhelosen, die immer etwas schaffen müssen und doch nie fertig werden. Oder man betrachtet sich die Gesichter der Kundinnen an der Modeboutique-Kasse, wo sich das ganze Leben spiegelt: die diebische Freude über das neue Oberteil und das schlechte Gewissen, weil man eigentlich schon im Dispo ist.

Wir sind so herrlich unvollkommen, dass man uns lieben muss! Leicht genervte Leser ausdrücklich eingeschlossen.

Schönes Wochenende!

IM VKU MIT LPG ZUM ODF

Zwei Redakteure der Tageszeitung „Die Welt" sahen sich dieser Tage auf einer Thüringentour auch in Rudolstadt um, wo sie gleich vor dem Bahnhof ins Staunen kamen. Offenkundig wurde hier mit einem ganzen Platz der OpenDocument-Formate gedacht. Wie fortschrittlich! Auf Nachfrage erfuhren sie, dass es sich bei der Abkürzung OdF allerdings um „Opfer des Faschismus" handelt. Woran kein gelernter DDR-Bürger jemals zweifeln würde.

So ist das mit den Abkürzungen im Wandel der Zeiten und Systeme. Sie ändern ihre Bedeutung, einfach so, von heute auf morgen. Oder haben Sie nicht auch gestutzt, als Sie das erste Mal an einer Tankstelle den Hinweis auf eine Landwirtschaftliche Produktionsgenossenschaft gesehen haben? Tatsächlich steht LPG jetzt für Liquid Petrol Gas also Autogas.

Die Liste lässt sich quasi beliebig fortführen. VKU, als verlängerter Kurzurlaub eine ersehnte Fluchtmöglichkeit aus dem NVA-Alltag, steht heute im Polizeideutsch für einen Verkehrsunfall. Gern vermeldet aus der Einsatzzentrale (EZ), was aber auch Einwohnerzahl, Einzelzimmer oder Eßlinger Zeitung meinen kann.

Das EEG ist für jeden Mediziner ein Elektroenzephalogramm, mit dem die elektrischen Aktivitäten des Gehirns aufgezeichnet werden. Und für jeden Stromverbraucher der Hauptgrund, weshalb wir alle immer tiefer ins Portemonnaie greifen müssen: das Erneuerbare-Energien-Gesetz. FDJ ist nicht mehr nur als Freie Deutsche Jugend die aufgehende Sonne am Himmel des Sozialismus, sondern auch das Kürzel für ein französisches Radsportteam.

SED, die Partei, die immer Recht hat, fristet seit ihrer Mehrfachumbenennung in der Heimat nun im Schweizerischen Erdbebendienst ein Leben im Exil, während die Betriebsgewerkschaftsleitung (BGL) auf einem Autokennzeichen durchs Berchtesgadener Land reist und DDR spielt: Dance Dance Revolution.

SW: Schönes Wochenende!

WIE SILVESTER FÜR ROTKÄPPCHEN

Ich wohne in einem Haus, in dem sich im Erdgeschoss ein Blumenladen befindet. Das ist ein durchaus glücklicher Umstand. Es riecht gut, man trifft nette Leute und die Blumenhändlerin ist tagsüber immer da. Im Gegensatz zu mir übrigens, weshalb sie sich zu einer Art persönlichen Paketdealerin entwickelt hat. Bücher vom Versand, Bußgeldbescheide und Katzenfutter landen regelmäßig bei ihr. Die Benachrichtigungen in meinem Briefkasten. Das stärkt die Hausgemeinschaft. Der kontaktfreudige Rentner, der zwei Etagen unter mir wohnt, wäre stolz auf mich.

Am Donnerstagabend war ich einigermaßen überrascht, als bei meiner Blumenhändlerin auch noch nach 21 Uhr Licht brannte. Ich klopfte beim Vorbeigehen an ihre Scheibe und nickte ihr freundlich zu. Sie lächelte zurück, gequälter als sonst. Im Fahrstuhl fiel mir der Grund ein: Valentinstag! Für sie ist diese Woche wie Fußball-WM für den Media-Markt gewesen. Wie Weihnachten für den Putenhof. Wie Silvester für Rotkäppchen.

Hand aufs Herz: Wer von Ihnen kannte vor 25 Jahren den Valentinstag? Ich wette, kein einziger im Osten Sozialisierter. Wie kommt es dann aber, dass wir heute mit latent schlechtem Gewissen dem 14. Februar entgegenschlingern? Dass ich mir am 13. einen Vermerk in den Kalender mache, um meiner Liebsten eine kleine Aufmerksamkeit zu kaufen? Keine Blumen natürlich. Irgendwas Kreatives. Was Persönliches, Besonderes, Überraschendes. Selbstverständlich habe ich weder am 13. noch sonst irgendwann Zeit und Muße, um derartige Vorhaben in die Tat umzusetzen.

Den meisten Menschen, mit denen ich im Alltag zu tun habe, geht es ähnlich. Was damit zusammenhängen könnte, dass wir aus dem Alter raus sind, in dem man sich ständig neu verliebt. Und in einer Lebensphase, in der man andere Prioritäten setzt.

Eine davon könnte sein, dass man sich bei Leuten bedankt, die ohne großes Brimborium für einen da sind, wenn sie gebraucht werden. Vielleicht sollte ich meiner Blumenhändlerin einfach mal ein paar Blumen schenken. Das wäre immerhin kreativ und besonders. Zur Not kann sie sie ja weiterverkaufen.

Schönes Wochenende!

DIE BUNTE WELT IM SMARTPHONE

Am Sonnabend vor einer Wahl herrscht in den deutschen Zeitungen traditionell Wahlruhe. Während ich also noch darüber nachdachte, wie ich diese Woche unpolitisch ausklingen lassen kann, flatterte mir eine Pressemitteilung auf den Tisch, die mich als Redakteur und Mann anspricht. Darin präsentiert ein App-Hersteller eine Weltneuheit, die der „sehr geehrte Herr Spanier" bitteschön verbreiten möchte. Versprochen wird mir Sex, der so schnell geliefert wird wie eine Pizza.

Das Prinzip ist einfach: Man(n) lädt sich die Escort-App auf sein Smartphone, gibt die Stadt ein, in der man gerade ist und bekommt eine Liste mit dienstbaren Damen aus der Gegend. „Egal, ob Sie in der Disco, daheim, im Auto, an der Hotelbar, am Bahnhof oder Flughafen sitzen: Wenn Sie genau jetzt Lust auf Sex haben, können Sie diese mit der App sofort stillen", verspricht der Hersteller.

Abgesehen davon, dass ich an den meisten dieser Orte regelmäßig Teile meiner Familie dabeihabe, fallen mir noch ein paar nicht halb so sexistische Lösungen ein, die Lust zu stillen. Wobei der Vorschlag bei den Anhängern regionaler Wirtschaftskreisläufe eigentlich auf Gefallen stoßen müsste. Immerhin bleibt das Geld, von dem in der Pressemitteilung übrigens keine Rede ist, in der Region.

Dabei ist die App natürlich nicht nur für Männer gedacht. Frauen schenkt der findige Erfinder nämlich viel Freiheit, sofern sie sich ein Profil anlegen: „Sie können Sex ganz leicht und nebenbei in ihrem Alltag verkaufen, solange sie ihr Smartphone dabeihaben". Ja, Freunde, das kluge Telefon revolutioniert unseren Alltag.

Damit dieser Prozess noch ein bisschen schneller abläuft, habe ich ein paar ganz konkrete Wünsche an die Hersteller von Apps. Ich wünsche mir eine App, die mir einen Stromschlag verpasst, wenn ich mit dem Handy spiele, während meine Kinder mit mir reden wollen. Ich hätte gern eine App, die mir per Vibrationsalarm diskret signalisiert, wenn Menschen mir dreist ins Gesicht lügen. Und ich bitte dringend um eine App, die Leuten kräftig vors Schienbein tritt, wenn Sie in der Wahlkabine NPD ankreuzen. Womit es doch noch ein ganz klein wenig politisch geworden ist.

Schönes Wochenende!

VEREINIGTE ILLUSION

In meiner Küche hing jahrelang eine dieser Spaßpostkarten, die weiß Gott nicht immer witzig sind. Zehn Leute stehen um eine ausgehobene Baugrube, alle haben sie eine Leitungsfunktion: Logistic Manager, PR-Manager, Security Manager, Internal Supervisor, IT-Manager und so weiter. Und mitten in der Baugrube, zwischen zwei Presslufthämmern, steht einer, der arbeitet: Horst.

Es geht mir jetzt ausnahmsweise nicht um den leicht antisemitischen Unterton der Szene, schließlich gab es laut Victor Klemperers „LTI – Die Sprache des Dritten Reiches" eine ganze jüdische Horst-Generation, es geht mir darum, dass mich ein Pressefoto, das mir diese Woche auf den Tisch kam, an genau diese Szene erinnerte. Absender war die Stadtverwaltung Rudolstadt, die die Nachricht vom 40 000. Besucher im Schillerhaus mit einem hübschen Foto aus dem Museumsgarten garnierte, auf dem das Jubiläumsehepaar aus Berlin von fünf Rudolstädter Kulturfunktionären umstanden wird. Während Anke und Bernd, die Glückspilze aus der Bundeshauptstadt, etwas gequält in die Kamera schauen (Foto: Museum, der sechste Kulturfunktionär?), strahlen Michael, Runhild, Daniela und Co. in die Kamera.

Hat geklappt, soll das heißen. 40 000 in fünf Jahren. 8 000 pro Jahr. 25 pro Tag. Fünf pro Funktionär. Ein Betreuungsschlüssel, von dem Kindertagesstätten träumen. Um nicht abermals in den Verdacht des Kulturbanausentums zu geraten, haben wir auf tiefergehende Recherchen verzichtet. Auf das Foto übrigens auch.

Sie können aber getrost davon ausgehen, dass ein Jubiläumsbesucher – natürlich mit Ausnahme des Schillerhauses – immer ein ausgesuchter Gast ist. Kein

Museum, keine sonstige Touristenattraktion wird eine 150 Kilo schwere Umschülerin mit Alkoholikeraugen als Jubiläumsgast präsentieren. Viel besser machen sich Familien mit Kindern, hübsche junge Frauen oder wenigstens Hauptstädter. Kein Mensch würde jemals nachzählen. Das Einzige, das zählt, ist die Illusion.

Nicht nur das Ampelmännchen wurde in die deutsche Einheit gerettet, die Illusion auch. Und weil es die im Westen mindestens schon genau so lange gibt, haben wir jetzt die vereinigte Illusion. Das Himmelreich ist nahe.

Schönes Wochenende!

VERHUNZTES ERSTES MAL

Wahrscheinlich liegt es an diesem verhunzten ersten Mal. Es ist meistens das erste Mal, das die Richtung vorgibt Psychologen haben mehrbändige Standardwerke darüber geschrieben. Geht das erste Mal schief, hat man schlimmstenfalls ein Leben lang ein Problem.

Ich gebe zu, dass mein erstes Erlebnis als Wähler gründlich danebenging. Es war in tiefster DDR-Zeit, was das Trauma wahrscheinlich noch verstärkt. Politik war als junger Sportstudent in Leipzig nicht mein vordergründiges Interesse. Nichtsdestotrotz wurden wir eines schönen Frühlingstages auch zu Jung- und Erstwählern.

Dass man wählt, war in der DDR keine Frage. Wobei von Wahl keine Rede sein konnte. Entweder man faltete den Stimmzettel mit den Kandidaten der Nationalen Front und steckte ihn umgehend in die Urne oder man machte sich verdächtig.

Wenn man schon bei der Wahl keine Wahl hatte, konnte man sich so im Kampf um den Titel „sozialistisches

Studentenkollektiv" auch keinen Vorteil verschaffen. Also hatte irgendein idiotischer Streber den Einfall, die Seminargruppe verpflichtet sich, bis 11 Uhr komplett ihre Stimmen abgegeben zu haben. Nur zum Verständnis: Die Wahllokale hatten bis 18 Uhr auf.

Es scheiterte, um es vorwegzunehmen, an mir. Oder besser gesagt an der physikalischen Gesetzmäßigkeit, dass ein Körper nicht gleichzeitig an zwei Stellen sein kann. Während meine sich entwickelnde sozialistische Persönlichkeit von den Kommilitonen sehnsüchtig an der Urne erwartet wurde, wärmte sich die sterbliche Hülle in der Studentenbude an einer Leipziger Abiturientin. Es war, mit dem Abstand von 30 Jahren, die richtige Wahl.

Dumm nur, dass mir mein spätes Erscheinen im Wahllokal nicht physikalisch, sondern politisch ausgelegt wurde. Der stolze Titel war verspielt, ich wurde als feindlich-negativ zwischen die Aktendeckel geheftet. Ein Feind wider Willen.

Ich bin trotzdem mein Leben lang wählen gegangen, selten vor 11 Uhr. Das wird auch morgen so sein, wenn frühes Wählen noch ganz andere Gefahren birgt. Sollte nämlich ein Mitglied des Wahlvorstandes – aus welchen Gründen auch immer – seinen Dienst nicht antreten, kann der erste Wähler für das Ehrenamt zwangsverpflichtet werden. Schlafen Sie lieber aus!

Schönes Wochenende!

DIE FALSCHEN FROHLOCKEN

„Ich bin den unterschiedlichen Parteien unterschiedlich fern", hat mal ein früherer ZDF-Chefredakteur auf eine entsprechende Frage geantwortet. Was ich für angemessen halte und auch für mich in Anspruch nehme, denn natürlich haben auch wir Journalisten politische Ansichten und Überzeugungen. Nur passen die selten in das Korsett einer Partei, weshalb ich in meinem ganzen Leben noch nie ein Parteibuch besessen habe. Was meine Kritiker von ganz links bis ganz rechts stets zu der Annahme verleitet, ich sei genau auf der anderen Seite angesiedelt. Damit kann ich gut leben. Ein Brett vor dem Kopf hat noch nie den Blick geschärft.

Es gibt aber Zeiten, da kann man sich als politisch denkender Mensch nicht einfach raushalten. In Thüringen bahnt sich gerade etwas an, das gern mit dem Adjektiv historisch versehen wird, was korrekt ist, weil es das in Deutschland noch nie gab. Gut 4 000 Thüringer SPD-Mitglieder sollen darüber entscheiden, ob künftig Linke, SPD und Grüne im Freistaat regieren.

Damit sie bei der Abstimmung keinen Fehler machen, hat der SPD-Landesvorstand schon mal einstimmig dafür votiert, gibt es eine Argumentationshilfe von der Abteilung Agitation gratis. Man muss schon eine starke Überzeugung haben, um mit „Nein" zu stimmen. Das Ergebnis ist absehbar.

Dabei habe ich weder ein Problem mit einem möglichen Ministerpräsidenten Bodo Ramelow, den ich als durchaus verlässlichen Partner kennengelernt habe, noch mit dem Wechselspiel der Demokratie, das der CDU nach 24 Jahren an der Macht ein Dasein in der Opposition zuweist. Schlecht wird mir nur bei dem Gedanken, wie diejenigen frohlocken, die das zu verantworten haben, was bis vor 25 Jahren hier an der Tagesordnung war: Willkür, Bevormundung, Bespitzelung – eine Diktatur der Gewissenlosen. Ramelow ist auch ihr Rächer und Hoffnungsträger, im besten Fall wider Willen.

Es waren aufrechte Sozialdemokraten, die in der DDR ins Zuchthaus gesteckt wurden, weil sie sich der Zwangsvereinigung zur SED widersetzten. Dass jetzt ausgerechnet Sozialdemokraten den SED-Nachfolgern den Weg in die Staatskanzlei pflastern, hätte für meine Entscheidung den Ausschlag gegeben. Aber ich bin ja nicht gefragt.

Schönes Wochenende!

ERTRÄUMTE FREIHEITEN

Morgen vor 25 Jahren gab es einen Tag, den keiner vergessen wird, der ihn bewusst erlebt hat. Ich verbrachte den 9. November 1989 damit, an den Texten für ein Liedertheater zu feilen, mit dem wir die DDR ein bisschen menschlicher machen wollten. Das Programm kam nie zur Aufführung, weil wir von der Zeit überholt wurden, die sich quasi täglich überschlug.

Am Nachmittag besuchte mich ein Freund aus Rudolstadt. Wir läuteten den Abend mit ein paar sehr vergänglichen Bieren ein, denn das Reinheitsgebot galt im Arbeiter- und Bauern-Staat nicht. Im Augenwinkel verfolgte ich die Pressekonferenz mit Günter Schabowski und war mir im selben Augenblick, als er es herausstotterte, der Bedeutung seiner Worte bewusst.

„Die Grenze ist auf", übersetzte ich meinem Freund das Gestammel des Funktionärs. „Lass uns losfahren!" war seine Reaktion. Vor der Tür stand sein Wartburg 353, aber weil wir ordentliche DDR-Bürger waren, erinnerten wir uns an die vergänglichen Biere, die im antagonistischen Widerspruch zur Null-Promille-Grenze standen und blieben in Jena. Wir vertranken die Nacht des Mauerfalls, nicht ohne uns zu berauschen an den Bildern des Westfernsehens. Am nächsten Tag, einem Freitag, gingen wir beide auf Arbeit.

Mein Begrüßungsgeld habe ich erst Wochen später in Kronach geholt. Zu einem Zeitpunkt, da ich mich schon für viele meiner Landsleute schämte, die für einen Einkauf bei Aldi jedes Ideal verkauften.

Das mit dem Fremdschämen hat sich auch 25 Jahre danach nicht gegeben. Wir haben inzwischen alle Freiheiten, die wir damals erträumten: freie Wahlen, Reisefreiheit, Pressefreiheit, Meinungsfreiheit. Dass dabei angesichts der Angebotsvielfalt die Dummen dümmer werden, ist auch ein Ausdruck von Freiheit, dessen Konsequenzen freilich nur schwer zu ertragen sind.

Der Riss, der durch diese Gesellschaft geht, geht nicht in erster Linie zwischen arm und reich, sondern zwischen gebildet und ahnungslos. Beim Thema Asylbewerber kann man das exemplarisch verfolgen.

„Die Würde des Menschen ist unantastbar", heißt es in Artikel 1 des Grundgesetzes der Bundesrepublik. Das gilt auch für Flüchtlinge, die in erster Linie Menschen sind.

Schönes Wochenende!

VOM TEILEN UND HERRSCHEN

Teilen ist ein wichtiges Element des Zusammenlebens von Menschen. Weder eine Erfindung des Heiligen Martin noch von Facebook-Gründer Mark Zuckerberg. Kindern bringt man bei, dass sie ihr Spielzeug, ihr Obstfrühstück oder ihre Eltern mit anderen Menschen teilen müssen.

Nichts ist nur für dich allein da, so die Botschaft. In der schönen neuen Sharing-Welt gibt es quasi nichts, was man nicht teilen kann. Autos, Wohnungen, Partner, geteilte Freude ist doppelte Freude.

Ich zum Beispiel teile meine Tiefgarage mit dem Warenlager einer Drogeriekette. Was zur Folge hat, dass ich regelmäßig vor einem blockierten Tiefgaragenerschließungsfahrstuhl stehe, weil der Shoppingtempel mit neuer Ware bestückt wird.

In der Vorweihnachtszeit potenzieren sich die Belieferungszeiten analog zum Kaufrausch der Konsumenten, weshalb ich auf alternative Parkplatzsuche gehen muss, denn diejenigen, für die die Ware herangekarrt wird, okkupieren auch noch sämtliche Parkplätze in der Gegend. Das ist volkswirtschaftlich gesehen ein großes Ding, aber für mich ein bisschen ärgerlich.

Man kann da schon mal einen Hals kriegen, wenn den Leuten ausgerechnet kurz vor Weihnachten einfällt, dass sie noch ein Parfüm, ein Plüschtier oder einen Kalender für 2015 kaufen müssen. Es verletzt geradezu mein Stammkundenrecht, wenn ich mich mit einer profanen Packung Katzenstreu hinter einem Dutzend Last-Minute-Shoppern anstellen muss, die obendrein noch schuld sind, dass ich meine teuer bezahlte Doppelparkerplattform nicht nutzen kann.

Was mich dabei halbwegs beruhigt, ist die Tatsache, dass die Kauflust in meiner Drogerie nur das Vorspiel für die Food-Orgie vor Weihnachten ist. Falls Sie nicht selbst Teil der Verschwörung sind, machen Sie sich den Spaß und betrachten Sie sich Heiligabend das Treiben auf einem der Verbrauchermärkte der Region. Als gäbe es nie wieder etwas zu essen, Freunde! Wer nach dem Anblick der proppenvollen Einkaufswagen noch der Ansicht ist, der deutsche Michel leide angesichts der drohenden Islamisierung des Abendlandes schwere Not, dem spendiere ich ein Ticket zur nächsten Pegida-Demo. One way, versteht sich.

Schönes Wochenende!

ALLES FALSCH GEMACHT

Der Blick zur Sonne galt in der Nationalen Volksarmee als eine der höchsten Auszeichnungen, übertroffen nur noch vom Foto vor der entfalteten Truppenfahne.

Gestern, zur Sonnenfinsternis, war der Blick zur teilweise verdeckten Sonne nach allen Medienberichten vor allem eines: kreuzgefährlich. Schon ein kurzer Blick in die Sonne kann die Netzhaut des Auges so stark schädigen, dass die Sehkraft nachlässt oder ganz verloren geht, warnte etwa das Gesundheitsamt in Saalfeld.

Mir ist bei der Lektüre noch nachträglich schwarz vor Augen geworden, habe ich doch als kleiner Junge regelmäßig auf der Wiese liegend in die Sonne geblinzelt. Und nicht nur das: Gemessen an heutigen Maßstäben ist es ein schieres Wunder, dass ich meine Kindheit überhaupt überlebt habe. Ich bin nämlich ohne Helm Fahrrad gefahren, ohne Schwimmflügel ins Wasser gegangen und habe in Häusern ohne abschließbare Fenster gelebt. Ich aß Kompott aus Einweckgläsern, wo die Schimmelschicht entfernt worden war, ging alleine zur Schule und bin auf Dächern herumgeklettert.

Ich glaube fast, das Leben ist lebensgefährlich. Irgendwie. Schönes Wochenende!

HÖHERE MATHEMATIK

Weil es sonst niemand tut und Journalisten, wie wir vor Wochenfrist erfuhren, in der Wertschätzung der breiten Masse immer weiter abrutschen, will ich an dieser Stelle mal eine Lanze für meinen Beruf brechen.

Viele tun das, weil sie nichts anderes kennen. Ich war aber schon Transportarbeiter, Briefträger, Pförtner, Student und

Sportlehrer. Mal abgesehen von der Zeit des Studiums, als man ein paar Jahrzehnte unbedarfter war, hat mir nichts so viel Spaß gemacht wie das Anhören und Aufschreiben von Geschichten. Ich könnte es meinen Kindern mit gutem Gewissen weiterempfehlen, wüsste ich nicht, dass sie dann genau das Gegenteil tun.

Die Vorteile liegen auf der Hand: Man hat mit Menschen zu tun, kann sich die Arbeit selbst einteilen und verbringt die meiste Zeit im Warmen und Trockenen. Kein Tag ist wie der andere, wenn man will, lernt man täglich dazu und wird dafür auch noch bezahlt.

Ich habe in dieser Woche beispielsweise erfahren, dass im Fußball nicht immer der Bessere, aber immer der Glücklichere gewinnt. Dass auf der Saalfelder Höhe Schuhmacher und Bürgermeister leben, die sich selbst ausbeuten, weil sie ihren Job lieben und eigentlich zu gut sind für diese Welt.

Ich habe viel über Vectoringtechnik, Uploadgeschwindigkeit und Datenautobahnen gelernt, die in der heutigen Zeit fast noch wichtiger sind als richtige Straßen.

Ich weiß jetzt, dass man selbst als Deutscher in einem Flüchtlingsheim voller böser, böser Ausländer gewisse Überlebenschancen hat, aber nur dann, wenn man nicht jede Einladung zum Essen oder zum Kindergeburtstag auch annimmt. Zuletzt musste ich erkennen, dass weiße Weihnachten ein ebensolcher Mythos sind wie die Ostereiersuche im Grünen.

Dankbar bin ich, dass es noch aufmerksame Leser gibt, die erkennen, dass ein 1910 eröffnetes Sanatorium nicht in fünf Jahren 100 wird. Höhere Mathematik halt. Auch deshalb bin ich froh, Journalist geworden zu sein.

Schöne Ostern!

STADT UND LAND HAND IN HAND

Es gibt Slogans, die sind so gut, dass sie über alle gesellschaftlichen Systeme hinweg Bestand haben. Dazu müssen sie griffig sein, kurz und gut zu merken.

Mir ist in meiner Zeit als Sportlehrer in Diensten des Deutschen Turn- und Sportbundes der DDR mal so etwas gelungen. Als Redakteur des „Massensportkalenders" erfand ich Ende der 80er Jahre ein Motto für den Frühlingslauf in Kahla: „Der Winterspeck muss weg!"

Schon ein Jahr später machte der Spruch republikweit Karriere, danach im ganzen deutschsprachigen Raum. Heute weist eine Internetsuchmaschine für diese Wortgruppe fast 30 000 Treffer aus. Ich habe mir den Slogan nie schützen lassen.

Ähnlich, nur mit anderer Autorenschaft, verhält es sich mit „Stadt und Land Hand in Hand". Der Spruch geht auf einen Volksgemeinschaftsgedanken aus den Anfangsjahren des Dritten Reiches zurück und war Teil der Goebbelsschen Propagandamaschine. Später stand er auf der Erntenadel der DDR, Wahlplakaten der CDU und ist noch heute im hessischen Dreieich-Götzenhain Namensgeber einer Leistungsschau der Landwirtschaft. CSU-Chef Horst Seehofer gebrauchte ihn bei einer Diskussionsrunde vor einem Jahr in München.

Wie sehr Stadt und Land durch ihre Probleme verbunden sind, zeigte sich wieder am Donnerstagabend im Gemeinderat der Saalfelder Höhe. Dort diskutierte man eine gefühlte halbe Stunde lang den Umgang mit Hundekackwiesen (leicht familienzeitungseingedeutschter O-Ton von Bauhofchef Dirk Peter) in Zeiten der Grasmahd. Was mit den Häufchen passiert, wenn auf diesen Wiesen die

Motorsense angesetzt wird, kann man sich ohne weiteres vorstellen. Wie dem Sensenmann dabei zumute ist, auch.

Die Ratschläge aus der Runde der Gemeinderäte reichten vom Abdrucken der ordnungsbehördlichen Verordnung über das Ausschildern ausgewiesener Hundekackwiesen bis zum harten Abstrafen im Fall des Erwischtwerdens.

Unterwirbachs Ortsteilbürgermeister Lutz Müller möchte die Bürger sogar mit einer kleinen Geldzuwendung zur Anzeige motivieren. Sozusagen einer Ankackprämie.

Bei derartigen Aussichten gehe ich mal lieber eine Stunde Rad fahren. Der Winterspeck muss schließlich weg.

Schönes Wochenende!

SELBSTVERSUCHE FÜR ENTSCHEIDER

Zu Beginn der Woche, als sich der April gar nicht nach April anfühlte, habe ich meine persönliche Fahrradsaison eröffnet. Ganz bewusst bin ich dabei die offiziell vorgeschriebene Umleitung des Saaleradweges zwischen Saalfeld und Rudolstadt gefahren. Freunde, das geht gar nicht!

Eine größere Fahrradtouristenscheuche als den Abschnitt zwischen Remschütz und Schwarza kann man sich nicht vorstellen. Wer sich den Rahmen bis zur Hohle noch nicht gebrochen hat, darf sich zur Belohnung die Straße mit 40-Tonnern teilen.

Bei der nervigen Gondelei um die Schlaglöcher herum kam mir der Gedanke, dass wahrscheinlich noch keiner derjenigen, die die Sperrung und den jetzigen Zustand zu verantworten haben, jemals hier langgefahren ist. Ich schlage deshalb einen kollektiven Fahrradausflug aller beteiligten

Verwaltungen, Stadträte, Fördermittelrichtlinienschreiber und Fördermittelvergabestellenbeamter entlang der schönen Saale vor. Mal sehen, ob danach immer noch nichts geht.

Überhaupt bin ich dafür, dass Entscheider viel häufiger mit den Folgen ihrer Beschlüsse leben müssten. So sollte man alle, die seit 25 Jahren den Ausbau der B 88 zwischen Jena und Rudolstadt erfolgreich verschlafen haben, mal hinters Lenkrad eines Kleinwagens zwingen, um von Maua bis Etzelbach hinter einem Sonntagsfahrer herzuzuckeln, diesen auf der Geraden vor Kirchhasel endlich zu überholen, damit er im täglichen Rudolstädter Anton-Sommer-Straßen-Stau wieder direkt hinter einem steht.

Kreistagsmitglieder, die die Hand für Schulschließungen gehoben haben, gehören morgens um sechs an eine Schulbushaltestelle, Gesundheitspolitiker ans Ende der Warteliste beim Facharzt, die Vernichter der Porzellanindustrie als Zeitarbeiter an eine Glaswanne.

Saalfelds Stadträte, die in dieser Woche das Fachmarktzentrum am Bahnhof versenkt haben, werden gezwungen, ein Jahr lang ausschließlich bei Innenstadthändlern einzukaufen und erhalten ein lebenslanges Ladenverbot in allen Media-Märkten und H&M-Filialen weltweit.

Die Liste der Selbstversuche kann übrigens beliebig verlängert werden. Aber nicht mehr von mir.

Schönes Wochenende!

IM LAND DER GESUNDHEIT

Eigentlich sollte sich unsere Wochenend-Reportage heute mit dem Umzug der Psychiatrie von Rudolstadt nach Saalfeld beschäftigen, der in dieser Woche weitgehend unbemerkt über die Bühne ging. Jeden Tag zog eine andere Station um mit Patienten, Betten, Personal. Eine logistische Meisterleistung.

Wahrscheinlich aber habe ich mich zu intensiv mit dem Thema Krankenhaus beschäftigt, bis ich selbst krank wurde. Das nennt man Identifikation mit dem Gegenstand der Berichterstattung.

Wobei die meisten Krankenhäuser heute keine Krankenhäuser mehr sind, sondern Kliniken. Das hat wahrscheinlich mit der negativen Konnotation von krank zu tun. Aus demselben Grund nennen sich Krankenkassen lieber Gesundheitskasse, Nervenheilanstalten sind jetzt Reha-Zentren für mentale Stärkung, das ganze Land ist voller Gesundheitspraxen, Kurkliniken und Fitnessstudios.

Man fragt sich gelegentlich, wo die ganzen Kranken sind. Wahrscheinlich abgeschafft. Nicht systemkonform. Werbezielgruppeninkompatibel. Oder sie arbeiten trotzdem, so wie ich.

Es darf als großer Erfolg der Werbe-, politischen Korrektheits- und Genderindustrie und als kleine Niederlage der deutschen Sprache gewertet werden, dass bestimmte Begriffe, mit denen beispielsweise meine Generation groß wurde, nahezu komplett aus dem Sprachgebrauch gestrichen und ersetzt wurden. So sind Hilfsschulen zu Förderzentren mutiert, Autoradios zu Soundsystemen, Turnschuhe zu Sneakers (die man nicht zum Sport benutzen darf), Hitparaden zu Charts, Betriebsleiter zu Managern, Negerküsse zu Schaumküssen.

Jegliches, ekliges Wassergetier wird heute als Frutti di Mare verkauft. Und alles, was mit Dienstleistungen zu tun hat, trägt ein „Service" im Namen. Es gibt so viel Service, dass man sich von früh bis spät bedienen lassen könnte. Hätte man das Geld dazu.

In meiner Branche wimmelt es neuerdings von Freelancern, Anchormen und Ghostwritern. Dass Vorstopper jetzt Sechser heißen und Schaffner Zugbegleitpersonal, ist in diesem Umfeld fast zu verschmerzen. Immerhin kommen die neuen Begriffe ohne fremdsprachliche Anleihen aus.

Schönes Wochenende!

HARTES GELD GUT ANGELEGT

„Wenn die D-Mark nicht zu uns kommt, kommen wir zur D-Mark". So stand es im Wendeherbst 1989 auf Demo-Plakaten in der DDR. Das muss den saturierten Westen so erschreckt haben, dass die D-Mark als offizielles Zahlungsmittel noch im Sommer auch im Osten des Landes eingeführt wurde.

Wer das Gefühl, statt Alu-Chips eine harte Währung in der Hand zu halten, die in der ganzen Welt gefragt war, damals nicht erlebt hat, kann es heute sicher nur schwer nachvollziehen. Und weil die Währungsunion dieser Tage ziemlich genau 25 Jahre her ist, habe ich auf meiner gestrigen Tour durch das Saaletal bis Weißen über Kolkwitz und Langenschade nach Unterwellenborn und weiter nach Saalfeld mal bewusst danach gesehen, was die Leute, Unternehmen und der Staat mit dem Geld gemacht haben.

Ich sah neue Vereins- und Feuerwehrhäuser, etwa in Uhlstädt und Langenschade, einladende Gaststätten und Pensionen, etwa in Weißen und Kolkwitz, Straßen, die diesen Namen verdienen, Lamas und Esel am Straßenrand, sanierte Bauernhöfe, ein altes Ferienheim vor Naundorf, das vor dem Verfall gerettet wurde, nagelneue Eigenheime und ein Freibad in Röblitz, in dem man mehr als nur baden kann.

In der Saale, die eine Weile mein Begleiter war, kann man inzwischen wieder die Kinder baden lassen, ohne Angst haben zu müssen, dass sie am nächsten Tag Ausschlag bekommen. Rund um das Stahlwerk Thüringen in Unterwellenborn oder Kamsdorf kann man die Wäsche wieder auf die Leine hängen, ohne dass sie anschließend in Einheitsbraun gefärbt ist.

Das Geld, das uns die deutsche Einheit gebracht hat, ob zur Währungsunion oder in den 25 Jahren danach, haben die meisten Leute zwischen Zeutsch und Saalfeld gut angelegt. Betrachtet man das Gesamtgefüge, zu dem eine intakte Umwelt und die Aussicht auf ein Land in Frieden dazu gehören, ging es den Menschen noch nie so gut wie heute.

Die Unterschiede zum untergegangenen Paradies der Arbeiter und Bauern sind mehr als augenfällig. Man muss sie nur sehen wollen.

Und ja, es ist nicht alles gut im Westen. So wie im Osten nicht alles schlecht war. Aber besser ist es schon.

Schönes Wochenende!

UND NIEMAND FRAGT UNS

Es ist nur so ein Verdacht. Ein Gerücht vielleicht. Eine klitzekleine Verschwörungstheorie. Vielleicht auch nur dummes Gerede, aber was macht das schon in Zeiten, wo jeder nach Herzenslust dummschwätzen darf?

Zur Sache: In Rudolstadt, so deucht mich, läuft gerade ein soziales Experiment. Wie viel Fremdheit ist der gemeine Rudolstädter bereit zu ertragen? Viel, möchte man meinen. Er erträgt den verstrahlten Folkie, der jedes Jahr im Juli inzwischen schon fast eine Woche lang den Heinepark zerpflügt. Er erträgt seit inzwischen fast 300 Jahren zehn Tage

Rummel, der sich Vogelschießen nennt, obwohl ich niemanden kenne, der dort jemals hingegangen ist, um auf einen Vogel zu schießen.

Er erträgt seit dem Spätsommer mannhaft die neuen Nachbarn aus Arabien, die in der alten Psychiatrie wohnen und potenziell aber sowas von gefährlich sind. Seit dieser Woche erträgt der gemeine Rudolstädter, der wie in allen anderen Fällen auch dabei nicht gefragt wurde, dass das Tanzfest nicht mehr TFF, sondern Rudolstadt Festival heißt. Für die weiter südlich beheimateten Landkreisbewohner zum Verständnis: Das ist ungefähr so, als ob die Sperre nicht mehr Thüringer Meer heißt, sondern Hohenwarte-Talsperre.

Wobei Namen ja jetzt wirklich egal sind. Hauptsache, die Leute kommen und haben Spaß, während wir ihr Bestes wollen. Ihr Geld. So wie bei Getting keine Ahnung, Rudolstadts jüngstem Importschlager, der just heute die Extremsportler aller Länder im Schlamm vereinigt. Alles kein Problem. Der Rudolstädter kommt, schaut und schüttelt sich.

Wo der Spaß aber richtig aufhört, Freunde, ist, wenn man an den Grundfesten des Vogelschießens rüttelt. Es galt über Jahrzehnte als Gewissheit, dass die Festzeltbetreiber ihren Gewinn mit Schubkarren von der Bleichwiese fahren müssen. Sechsstellige Einnahmen wurden ihnen nach jedem Brigadeabend angedichtet. Nun stellt sich heraus, dass das Portemonnaie des gemeinen Rudolstädters genau für ein Festzelt reicht. Wenn überhaupt. Gagen, Gema, Lohn und Strom setzen ihm zu, dem Gastronom.

Was bleibt, ist die bange Frage besorgter Bürger, wo im nächsten Jahr der Seniorennachmittag stattfindet. Und die Antwort des Zynikers: In Rudolstadt. An 365 Tagen im Jahr.

Schönes Wochenende!

EINE KLEINE ERMUTIGUNG

Wer Bestärkung im christlichen Glauben sucht, geht am Sonntag in die Kirche und hört sich die Predigt an. Wer die menschliche Dummheit ermessen will, geht bei Facebook auf einen beliebigen Beitrag zum Thema Flüchtlinge und liest sich die Kommentare derjenigen durch, die ein Auto oder wenigstens einen Hund im Profilbild haben.

Ich finde, dass man auch Zeitungsleser mindestens alle 20 Jahre mal in dem bestärken sollte, was sie tun. Vor allem in Zeiten, da einen manche Nachbarn und Bekannte fassungslos ansehen, dass man das merkelgesteuerte, linksversiffte Wurschtblatt noch nicht abbestellt hat. Was übrigens mehr über die Urheber solcher Aussagen verrät als über die Zeitung.

Dass Sie, liebe Leserin und lieber Leser, in diesem Moment diese Kolumne lesen, ist ein Ausweis jeder Menge Eigenschaften, die, bevor Björn Höcke ins Licht der Öffentlichkeit trat, als durchaus positiv galten. Sie sind heimatverbunden, interessiert, gebildet, tolerant, weltoffen und kein bisschen geizig, denn billig sind wir im Vergleich zu einigen fragwürdigen Portalen im Internet nicht.

Nirgends erfahren Sie so viel aus Ihrer Gemeinde, Ihrem Landkreis, aus Thüringen überhaupt. Sie können sich reiben an den Meinungen der Redakteure und anderer Leser. Sie sichern Arbeitsplätze in der Region, nicht nur meinen und den meiner liebenswerten Kollegen, sondern auch den von Druckern und von Zeitungszustellern, die sich jede Nacht, wenn die meisten von uns noch schlafen, auf den Weg zu Ihrem Briefkasten machen.

Okay, Sie sind ein bisschen altmodisch. Sie mögen Papier, womöglich den Geruch von Druckerschwärze, einen Frühstückstisch mit Zeitung. Aber ist das nicht sympathisch in einer Zeit, wo atemlos getwittert, gepostet und gechattet wird?! Wer braucht das? Und wofür?

Stecken hinter den neuen Medien und ihren Verschwörungstheorien womöglich KGB, NSA, Mossad oder Stasi? Ist die AfD vielleicht in Wirklichkeit die Speerspitze des IS? Hat die Kanzlerin die NSU-Morde angeordnet? Es ist so einfach, dumme Fragen zu stellen, wenn man sich wichtigmachen will.

Wer seriöse Informationen will, ist bei Zeitungen wie dieser seit 25 Jahren richtig. Bleiben Sie uns gewogen!

Schönes Wochenende!

WAS NICHT DIREKT GELOGEN IST

Reden wir übers Alter. Ist Ihnen das auch schon einmal passiert, dass Sie jemanden fragen, wie alt er ist und er tut erstmal so, als wüsste er es jetzt gar nicht genau? Glauben Sie ihm kein Wort! Jeder, der noch einigermaßen sortiert ist, weiß ganz genau, wie alt er ist.

Bei mir zum Beispiel kommt es wie aus der Pistole geschossen: 29! Das ist zwar ein bisschen geschummelt, aber dafür trifft es das gefühlte Alter punktgenau. Womöglich ist das ja das eigentliche Problem: Die Diskrepanz zwischen gefühltem und tatsächlichem Alter. Noch eine Schere, die immer weiter auseinandergeht, über die aber nicht gern geredet wird.

Besonders schlimm fühlt es sich an, wenn einen das tatsächliche Alter unvermittelt einholt. Beim Arzt etwa: Patient, Jahrgang 1960. Wer denn?! Wo denn?! Ich doch nicht! Oder im Fitnessstudio, wenn das Laufband, bevor es tut, wofür es gebaut wurde, ein paar Daten einfordert: Alter, Gewicht, Schwierigkeitsgrad. Obwohl niemand zusieht, zieht man unwillkürlich bei den ersten beiden Angaben ein paar Jahre und Kilogramm ab. Was nicht direkt gelogen ist, nur eben nicht mehr ganz aktuell.

Dabei hat es durchaus Vorteile, auf sein gefühltes Alter zu pfeifen und das tatsächliche als gegeben anzunehmen. Man muss – um gleich mal die großen Geschütze aufzufahren – nicht mehr in den Krieg, nicht mehr so lange arbeiten wie ein 29-Jähriger und die Hormone spielen irgendwann auch nicht mehr so verrückt. Der Herbst ist eben kein Frühling. Wenn Sie verstehen, was ich meine.

Nach und nach werden einem dann auch die vielen kleinen Vorteile bewusst. Man muss sich nicht mehr auf der Karriereleiter drängeln, wo so manche angesägte Sprosse wartet, nicht mehr jeden Tag das teure Rasierwasser auflegen, weil einem die neue, junge Kollegin beizeiten zu verstehen gegeben hat, dass sie bereits zwei Großväter hat. In drei Worten: Man lebt ruhiger.

Dass dies mit hoher Wahrscheinlichkeit auch der Zeitpunkt ist, an dem man endgültig alt ist, ist aus Sicht eines 29-Jährigen vielleicht verständlich.

Schönes Wochenende!

KINDLICHE PRÄGUNGEN

Die meisten Wunderlichkeiten, die wir so an uns haben, haben ihren Ursprung in unserer Kindheit. Was mir wieder bewusst wurde, als ich in dieser Woche einen Thüringen-Fahrplan der Deutschen Bahn beinahe freudetaumelnd in den Händen hielt.

Schon immer haben mich rollende Systeme auf Gleisen fasziniert. Und inspiriert. In Zügen hatte ich stets meine besten Ideen. Hätten alle meine Prüfungen in Straßenbahnen stattgefunden, ich wäre nur mit Einsen durch Schule und Studium marschiert. Leider fand keine einzige Prüfung dort statt.

Die tiefenpsychologische Ursache dafür ist wahrscheinlich, dass mein Vater sein Arbeitsleben lang Bahnpendler war. Morgens um drei aufstehen, frühstücken, zum Bahnhof laufen, einsteigen, dreimal umsteigen, zur Arbeit gehen. Abends das Ganze retour. Ein Leben in vollen Zügen. Erziehen konnte, erziehen musste er mich nicht, denn „Erziehung ist Beispiel und Liebe. Sonst nichts", wie Friedrich Fröbel früh erkannte. Oder wie es Karl Valentin noch drastischer formulierte: „Erziehung ist zwecklos! Die Kinder machen einem sowieso alles nach". Bei mir hat es gestimmt.

Schönes Wochenende!

MASSAGEN FÜR ALLE

Ich komme jetzt in ein Alter, wo man aufpassen muss, dass man nicht nostalgisch wird. Nostalgisch ist fast so verrufen wie populistisch. Dabei ist nóstos álgos, also die Sehnsucht heimzukehren, im Griechischen ebenso wenig negativ konnotiert wie populus im Lateinischen, das Volk.

Am Dienstag beispielsweise habe ich mir den neuen Luxusliner von Kombus erklären lassen. Mit Luftstrom und Leselampe, automatischem Abstandswarner und Spurhalteassistent. Wissen Sie, was der macht, wenn der Bus die Fahrspur verlässt? Der piept nicht etwa wie Ihr modernes Auto, denn davon könnten ja die von der Klassenfahrt ermüdeten Teenager aufwachen – er lässt die Armlehne des Fahrers vibrieren. Wow!

Da ist es schon beinahe beruhigend, dass mit dem WLAN im Bus nicht alle 57 Passagiere gleichzeitig die Bundesligakonferenz via Sky Go auf ihrem Tablet gucken können. Der Stream ist auf sieben Nutzer begrenzt, sonst holpert es.

Sie werden verstehen, dass ich mal kurzzeitig an meine frühen Ikarus-Erfahrungen denken musste, wo die Armlehnenmassage unfreiwillig jedem Fahrgast zuteilwurde und sich der Dieselgestank bis heute im olfaktorischen Gedächtnis verkeilt hat. Von der Art, wie wir als Knaben auf der Ladefläche eines Ernte-Lkws zum Fußball-Punktspiel ins Nachbardorf kamen, will ich an dieser Stelle lieber nicht reden. Sonst wird das Jugendamt noch nachträglich aktiv.

Der MAN Lions Coach 08, der mein nostalgisches Wesen in Wallung brachte, kostet übrigens rund 250 000 Euro. Dagegen war der Ikarus 250, mit dem das Zentralkomitee der SED in den 80er Jahren zum Jagdausflug fuhr, ein wahres Schnäppchen. Der Fortschritt hat halt seinen Preis.

Schönes Wochenende!

HALB IN DER LUFT, HALB AM BODEN

Mein Job bringt es mit sich, dass man gelegentlich mit Leuten zu tun hat, die sich bei dem, was sie machen, von der Masse abheben. Spitzensportler, Künstler, Minister, Unternehmer.

Am Montag dieser Woche habe ich auf dem Flughafen Erfurt eine Dreiviertelstunde mit Hans Georg Näder verbracht, der mir seine Pläne für den Otto-Bock-Standort Königsee erzählte. 45 Minuten Presse zwischen Dubai und Rinnetal. Noch halb in der Luft und schon halb am Boden.

Wer sich mit dem Otto-Bock-Enkel beschäftigt, kommt nicht an dem ungeheuren Reichtum vorbei, den er mit der Produktion und dem Verkauf von Prothesen, Orthesen und anderen Hilfsmitteln verdiente. Zwei Milliarden Privatvermögen sind – wenn ich in Mathe richtig aufgepasst habe – 2 000 Millionen Euro. Na prima, wird man in Königsee sagen, damit kann er unsere Verluste am Standort noch mindestens weitere 200 Jahre kompensieren.

Was mir persönlich ein bisschen zu fantasielos wäre. Hans Georg Näder offensichtlich auch. Meine Fantasien behalte ich aus Platzgründen für mich. Sie können ja mal darüber nachdenken, was Sie mit 2 000 Millionen Euro machen würden.

Schönes Wochenende!

JEDER GANG MACHT SCHLANK

Will ich in einer Welt leben, in der ein Selfie von Kai Pflaume vor dem Saalfelder Rathaus der Klickkönig der Woche im OTZ-Lokalteil ist? Oder anders gefragt: Wann ist man zu alt für welchen Scheiß? Sie merken: Es wird grundsätzlich.

Muss es auch in einer Zeit, in der die Hälfte der Rentner den Internet-Führerschein längst in der Tasche hat und vom Seniorenbüro Smartphonekurse für Junggebliebene angeboten werden. Was mich durchaus anspricht, denn ich bin seit fast 28 Jahren 29. Und weiß daher zumindest theoretisch, wie es nervt, wenn einen die eigene Granny bei Facebook stalkt und man gezwungen ist, zu Instagram und Snapchat zu flüchten. Praktisch ist meine Großmutter freilich tot – verstorben im vorigen Jahrtausend. Shit happens :-).

Was mich aber wirklich beschäftigt, ist die Frage, welche Macht das Internet inzwischen über mich und mein Leben gewonnen hat. Ich kann, wenn ich wöllte, meinen aktuellen Standort jederzeit einem Millionenpublikum zugänglich machen. Ich kann meine Schritte zählen, die Höhenmeter beim Rad fahren, die Pulsfrequenz beim – sagen wir – Fußball gucken.

Mein Einzelgesprächsnachweis – früher ein Privileg der Stasi – verrät mir en détail, wie lange ich mit wem telefoniert habe. Apps sagen mir, wie das Wetter in Cala Millor wird, wie viel Verspätung mein Zug hat und wie sich die Kurse meiner nicht vorhandenen Aktien in den letzten drei Minuten entwickelt haben.

Ein kluger Mann namens Marcus Tullius Cicero hat vor ziemlich genau 2 100 Jahren, also zu Zeiten, als es das alles noch nicht gab, die Frage gestellt: Cui bono? Wem zum Vorteil? Vielleicht war diese Fragestellung nie so aktuell wie heute. Ja, ich muss nicht mehr zur 20-bändigen Ausgabe von Meyers Lexikon laufen, in der vagen Hoffnung, dort etwas über den Werdegang von Kai Pflaume zu erfahren. Und nein, wir enthalten Kai Pflaume nicht unseren Lesern vor, nur weil wir weniger prominent sind. Jeder Gang macht schlank. Irgendwie.

Schönes Wochenende!

DAS WERTVOLLSTE, DAS WIR HABEN

Was ist das Wertvollste, das wir haben? Geld? Gold? Wohneigentum? Liebe? Kinder? Frieden?

Nach meiner festen Überzeugung ist Zeit das Wertvollste, das wir besitzen. Ohne Lebenszeit, die einem bleibt, ist alles andere nur ein Trost, der einem das Ende leichter macht. Und doch gehen wir mit nichts so verschwenderisch um, wie mit der Zeit, die uns gegeben ist.

Das hat zum einen damit zu tun, dass es uns als Kind vorkommt, als läge eine endlos lange Strecke vor uns. Man sehnt sich danach, älter zu sein, größer, erwachsener.

Das zweite Problem ist, dass niemand den Tag seines eigenen Todes kennt. Ich bin sicher: Wüssten wir, wie viel Zeit uns noch bleibt, wir würden anders leben. So, wie es im Moment ist, geht es nur um die Wahrscheinlichkeit der Nähe zum Tod, die uns gelegentlich beim Lesen der Todesanzeigen bewusst wird. Die Einschläge kommen näher, heißt es dann oft.

Ein Freund von mir hat in dieser Woche verzweifelt gefragt, wer auf die Idee kam, dass man in der Zeit, in der man sein Haus baut, auch noch Kinder großzieht, eine Familie aufbaut und seine wichtigsten Qualifikationsarbeiten unter enormem Zeit-, Geld- und Existenzdruck schreiben soll? Er wird die Antwort darauf finden, denn nichts von all dem ist zwangsläufig, alles davon selbst gewählt.

Wie aber soll man seine Lebenszeit sinnvoll verbringen? Bücher lesend, nach Wissen strebend? Den Besitz vermehrend oder das Erbe ausgebend? Auf dem Balkon oder der Segeljacht? Sport treibend oder dem Müßiggang frönend? Ist ein 90-minütiges Fußballspiel, das man als Zuschauer verfolgt, Gewinn, Genuss oder vertane Lebenszeit? Zumal man vorher gar nicht weiß, wie es ausgeht.

Ich bin nach ein paar Jahrzehnten auf dieser Erde zu der Einsicht gekommen, dass der einzige Weg, der Verzweiflung zu entrinnen, ist, so oft es geht die Dinge zu tun, die einen glücklich machen. Und den Rest auf ein Minimum zu beschränken.

Oder wie es Kaiser Marcus Aurelius vor 1 800 Jahren sagte: Der Tod lächelt uns alle an. Das einzige, was man machen kann, ist zurücklächeln!

Schönes Wochenende!

IRGENDWAS JUCKT IMMER

Wer nicht wirbt, stirbt, heißt es. Was im Umkehrschluss bedeutet: Wer möglichst viel Werbung macht, hat das ewige Leben. Was natürlich nicht stimmt. Nicht nur der Minol-Pirol könnte ein Lied davon singen.

Heutzutage kommt es bei der Werbung nicht mehr in erster Linie darauf an, möglichst viele potenzielle Kunden zu erreichen, sondern die richtige Zielgruppe. Es bringt halt wenig, Rentner mit Windelwerbung zu bepflastern und Teenager mit Prostata-Stärkungsmittel-Reklame. Die Streuverluste sind in jeder Hinsicht hoch. Sie wissen schon.

Dass jetzt auch Best-Ager wie Sie und ich das Internet für sich entdeckt haben, erleichtert den Werbestrategen den zielgenauen Zugang zu uns Master Consumern. Die Spuren, die wir im Netz hinterlassen, weisen ihnen den Weg zu unseren vermeintlichen Bedürfnissen.

Ich habe mir mal die Mühe gemacht, eine Woche lang die an meine Dienstadresse gerichteten Werbe-E-Mails zu sammeln. Haben Sie Falten?, werde ich da scheinheilig gefragt, hernach mir eine Gesichtsmaske mit 50 Prozent Rabatt angeboten wird. Mit demselben Nachlass wird mir ein Mittel zur Bekämpfung des Alkoholismus angeboten und natürlich das unvermeidliche Viagra. Original & Generika.

Dann wieder so eine fiese Suggestivfrage: Sie wollen definierte Muskeln? Für schlappe 49 Euro (alter Preis: 98 Euro) sollen damit zusätzlich der Stoffwechsel beschleunigt und sämtliche Aspekte des Sexuallebens verbessert werden.

Noch zehn Euro mehr kostet ein wirksames Mittel zur Bekämpfung von Fußpilz. Es folgen ein Spray, bei dem ich Hämorrhoiden für immer vergessen soll, und eine einzigartige Creme zur Bekämpfung der Venenschwäche.

Jetzt bin ich endgültig reif für die persönliche Mail von Eliana, 26, auf der Suche nach einem Mann, „der Liebe als totale Verpflichtung versteht, die es eher als eine Art des Spaßes sieht". Ich weiß genau, was du meinst, Eliana, und ich werde dir bestimmt bald antworten. Erst muss ich aber noch ein bisschen shoppen. Irgendwas juckt immer.

Schönes Wochenende!

DAS GLÜCK IST EIN RINDVIEH

Glücklich ist, wer vergisst, was doch nicht zu ändern ist. So lautet mit Anleihen bei Philosoph Arthur Schopenhauer das Motto der Fremdgänger-Operette „Die Fledermaus" von Johann Strauß. Ein champagnerseliges Stück Musikgeschichte.

Weil es bei den meisten Thüringern heute bestenfalls zu Rotkäppchen-Sekt reicht und zumindest auf den Dörfern oft ein hoher Männerüberschuss herrscht – was das Fremdgehen nicht gerade erleichtert –, finden sich die Thüringer im jüngsten deutschen Glücksatlas nur auf dem 14. von 19 Rängen wieder.

Positiv denkender Journalismus macht daraus die Schlagzeile „Thüringer sind die glücklichsten Ostdeutschen". Wow! Das klingt zwar ein bisschen wie Klassenbester in der Hilfsschule, aber allemal freundlicher als „Thüringer sind die dicksten Deutschen". Was ebenfalls stimmt, aber in dieser Woche gerade nicht umgefragt wurde.

Mein Vater hatte in Bezug auf das Glück einen festen Klassenstandpunkt. „Das Glück ist ein Rindvieh und sucht seinesgleichen", postulierte er so oft und so nachhaltig, dass ich ein Leben lang kein Lotto spielte und nie eine Aktie besaß. Wer will schon darauf hoffen, ein Rindvieh zu sein?! Das Glück des Tüchtigen tut es ja auch.

Falls Sie jetzt insgeheim eine Querverbindung von den Rindviechern zur räumlichen Verteilung der glücklicheren Deutschen gezogen haben und in Gedanken heftig nickten, muss ich Sie bremsen. Die Ansicht meines Vaters hat den Praxistest meines Lebens nicht bestanden. Vielmehr bin ich zu der Überzeugung gekommen, dass das Glück die Glücklichen belohnt.

Wer offen und mit einem Lächeln durch den Tag geht, dem begegnet die Welt offener und fröhlicher. Wem bewusst ist, welches Glück ihm mit einem Leben in Frieden geschenkt wurde, der verzweifelt auch nicht an grauen Novembertagen und sonstigen Unzulänglichkeiten dieser Erde und ihrer Bewohner. Das Glück kommt zu dem, der sich selbst annimmt, seine wahre Schönheit erkennt und lernt, mit den eigenen Möglichkeiten zu leben. Das kann auch gerne mal ein Rindvieh sein.

Schönes Wochenende!

ALLES FALSCH, ALLES UMSONST

„Es irrt der Mensch, solang er strebt". Der Herr im Prolog im Himmel in Goethes Faust ist wahrscheinlich so etwas wie der Urvater einer Büchergattung, die gerade unheimlich boomt. Populäre Irrtümer gibt es als Lexikon, als Wissenstest, Enzyklopädie, Gesellschaftsspiel und zum Nachlesen. Mitunter passen 1 000 Missverständnisse, Vorurteile und Denkfehler zwischen zwei Buchdeckel.

Wer die Werke durch hat, fühlt sich wie ein überzeugter Kommunist im Herbst 1989 in der DDR. Alles falsch, alles umsonst. Haare geschnitten, damit sie dichter werden. Cola getrunken, um den Durchfall zu stoppen. Vitamin C gegen die Erkältung geschluckt. Vor tödlichen Hornissenstichen gefürchtet. Spinat wegen des Eisengehalts gegessen, wo doch in Schokolade viel mehr Eisen enthalten ist. Nichts hat auch nur irgendetwas gebracht.

Dieser Tage hat das ARD-Magazin „Plusminus" auch noch entlarvt, dass die mütterliche Mahnung „Du musst viel trinken!" nur ein Werbe-Coup der Getränkeindustrie ist. Man soll nur trinken, wenn man Durst hat. Geht's noch?!

Dabei ist niemand vor weiteren revolutionären Erkenntnissen der Wissenschaftler gefeit. Womöglich finden sie eines Tages heraus, dass Müsli zum Frühstück Knochenweiche hervorruft, morgendliches Zähneputzen den Zahnschmelz beschädigt, Rauchen bei gleichzeitigem Trinken den Blutdruck im Gleichgewicht hält und häufiger Partnerwechsel die Lebenserwartung steigert.

Wenn dann noch herauskommt, dass das Umbinden von Schlipsen die Blutzufuhr zum Gehirn beeinträchtigt, haben einige meiner Bekannten im Nachhinein alles richtig gemacht. Und 90 Prozent der männlichen Gäste des

Neujahrsempfangs gestern Abend in Bad Blankenburg ziemlich viel falsch.

Schönes Wochenende!

UNTER LICHTERN UND LENKERN

Ja, es war recht frisch diese Woche. Knackig kalt zuweilen. Mit Eisblumen, Grippeviren und Katzen, die freiwillig im Haus bleiben. Früher, liebe Kinder, hieß so etwas Winter. Wohl dem, der da ein paar gefütterte Fäustlinge bei der Hand hat.

Heute, da die Medien immer furchtbar übertreiben müssen, trifft uns wahlweise die russische Kältepeitsche (Aha!), Hoch Hartmut oder schlicht das klimagewandelte Eisinferno. Es hätte nur noch die Jahrhundertkälte gefehlt, der ich aber energisch widersprochen hätte, denn es ist noch keine hundert Jahre her, dass in meinen dreiwöchigen Winterferien sämtliche stehenden und fließenden Gewässer meiner Kleinstadt mit Ausnahme der Elbe zugefroren waren. Und auch auf dem großen Fluss schoben sich majestätische Eisschollen aus der Tschechei in Richtung Hamburg, die Stadt, die ich bis heute nicht gesehen hätte, hätten wir nicht im Herbst 1989 jene zum Teufel gejagt, die einem ganzen Arbeitsvolk verbieten wollten, die Welt zu erleben.

Durch den Stadtpark, der den Ort einmal umrundete, verlief ein Bächlein, auf dem hunderte Schulkinder in den Ferien mit angeschraubten Schlittschuhen, die die Sohlen ruinierten, nach Herzenslust die Fischlein darunter beunruhigten. Ohne Aufsicht der Eltern, die im Paradies der Werktätigen damals noch sechs Tage die Woche arbeiten mussten. Sogar ohne jeden Sozialarbeiter.

Ab und zu gab es einen gebrochenen Arm, ganz selten ist auch mal jemand eingebrochen. Sollte es Todesfälle gegeben haben, so habe ich sie verdrängt. Das war der Winter meiner Kindheit, nach heutigen Maßstäben eine permanente Kindswohlgefährdung.

In dieser Woche las ich, dass in Deutschland jedes Jahr mehr als 22 000 Kinder im Alter von sechs bis 14 Jahren durch Unfälle im Straßenverkehr verletzt werden, mehr als meine Heimatstadt heute noch Einwohner hat.

Ich hätte ein paar Vorschläge, wie man diese Zahl halbieren könnte, aber ich fürchte, in der Heimat von Adam Opel und Gottlieb Daimler, im Land der Lichter und Lenker, sind sie nicht mehrheitsfähig.

Da gehe ich doch lieber Schlittschuh laufen, ehe der Frühling aufzieht.

Schönes Wochenende!

AUGE UM AUGE, ZAHN UM ZAHN

Können Sie etwas mit dem Begriff Fortnite anfangen? Nein? Nie gehört? Dann tut es mir leid: Es spricht einiges dafür, dass Sie alt sind.

Fortnite ist eines der angesagtesten Computerspiele unter Teenagern und – so hat es mir der aus Lothra stammende Thüringer Vizemeister der Neuntklässler in Mathematik in dieser Woche erzählt – es spielt so ziemlich jeder.

Das virtuelle Überlebensspiel bereitet diejenigen, die unsere Rente verdienen sollen, ohne selbst eine in Aussicht zu haben, perfekt auf das Erwachsenendasein vor. Fast wie im richtigen Leben geht es knallhart zur Sache.

Nach einer globalen Katastrophe sind 98 Prozent der Menschheit verschwunden und stattdessen streunen Zombies durch die Gegend. Bis zu 100 Spieler, die irgendwo auf der Welt verteilt sitzen, springen über demselben Flecken Erde ab und müssen sich – nur mit einer Spitzhacke ausgerüstet – durchs Leben schlagen. Überall lauern Gefahren, mit etwas Geschick kommt man an Waffen. Dann zieht ein Sturm auf, der die bespielbare Fläche immer weiter verkleinert. Es geht Auge um Auge, Zahn um Zahn. Amboss oder Hammer sein. Am Ende gewinnt der Stärkere.

Die Beschreibung im Internetlexikon Wikipedia – ich habe Fortnite nie selbst gespielt – erinnert mich an die Kriegserlebnisse meines Vaters, der im Zweiten Weltkrieg als Wehrmachtssoldat an der Ostfront mehrfach verwundet wurde und jener Generation angehörte, die nach heutigen Maßstäben schwer traumatisiert kollektiv auf die Couch gehört hätte.

Ein Burnout ist ein Kindergeburtstag gegen das, was die Jahrgänge 1890 bis 1928 durchgemacht haben. Und zu verarbeiten hatten, sofern sie überlebten. Dass Enkel und Urenkel dieser Männer heute mit Survival-Spielen ihre Lebenszeit totschlagen, jagt mir kalte Schauer über den Rücken.

Wann und wo immer ihr die Chance dazu habt: Nehmt sie mit in den Wald, zur Dorfkirmes, auf den Sportplatz oder an andere reale Orte! Lasst euch nicht abwimmeln! Zocken macht Haltungsschäden und träge. Zeigt ihnen das Leben und zeigt ihnen: Das Leben ist schön!

Schönes Wochenende!

VITAL UND BLITZGESCHEIT

Zwei beeindruckende Männer, die jeweils schon über acht Jahrzehnte auf diesem Planeten herumturnen, habe ich in dieser Woche kennengelernt. Bei dem einen, der mich durch meine Jugend begleitet hat, ist dies wörtlich zu nehmen. Gerhard „Adi" Adolph war 27 Jahre lang das TV-Gesicht von „Mach mit, mach's nach, mach's besser", einem der Exportschlager des DDR-Fernsehens, denn die Sendung, in der es um Schnelligkeit, Geschicklichkeit und Mannschaftsgeist von Schülergruppen ging, wurde bis nach Nordafrika gesehen.

Am Sonntag in Uhlstädt plauderte der 80-Jährige launig, witzig und ein klein wenig kokett über diese Zeit und sein Leben heute, das ihn beispielsweise zweimal die Woche in ein Berliner Fitnessstudio führt. Wie sagt doch der noch sechs Jahre ältere Ex-Radweltmeister Gustav-Adolf „Täve" Schur: „Der Mensch bewegt sich nicht weniger, weil er alt wird. Er wird alt, weil er sich weniger bewegt". Dass Adi für seine Haarpracht offenkundig denselben Kamm benutzt wie sein Namensvetter und Ex-Bundeskanzler Gerhard Schröder, sei ihm nachgesehen.

Den zweiten gut Achtzigjährigen, Mellenbachs Ehrenbürger Karl Gütter, kenne ich auch schon ein Vierteljahrhundert – von seinen klugen, analytischen Zeitungsbeiträgen und Leserbriefen. Am Mittwoch unterm OTZ-Sonnenschirm in Oberweißbach haben wir uns zum ersten Mal bewusst in die Augen gesehen. Ein vitaler, blitzgescheiter Mann, der mich hoffen lässt, dass man wachen Geistes und in Würde altern kann. Vielleicht ist 81 tatsächlich das neue 60, wie ein Kollege befand.

Genau genommen ist das Alter nur eine Zahl, die die Wahrscheinlichkeit der Nähe zum Tod beschreibt. Sicher ist auf diesem Felde nichts; außer der Gewissheit, dass noch niemand lebend aus der Nummer herauskam.

Was nur eine Konsequenz haben kann: Genießt das Leben, solange ihr es könnt, Freunde!

Eine Frau sagte mir in Oberweißbach quasi im Vorbeigehen, ich sei der Mann, der jeden Sonnabend ihre Gedanken aufschreibt. Ich hoffe, ich habe sie heute nicht enttäuscht.

Schönes Wochenende!

VOM STAU AM BAU

Auch nach einem guten Vierteljahrhundert als Journalist lerne ich nahezu täglich dazu. In dieser Woche beispielsweise musste ich meinen Wortschatz um den Begriff Abwehrangebot erweitern.

Was das ist? Nun, stellen Sie sich vor, es wird eine größere Baumaßnahme ausgeschrieben. Sie wollen es sich mit dem Auftraggeber nicht komplett verscherzen, haben aber eigentlich gar keine Kapazität für den Job. Also schlagen Sie auf den grob kalkulierten Preis einfach einen dicken Batzen Geld drauf, in der Hoffnung, dass ein anderer den Zuschlag bekommt. Ein Abwehrangebot eben.

Bei der aktuellen Lage der Bauwirtschaft kann sowas schon mal gründlich danebengehen. Es kommt immer häufiger vor, dass es bei Ausschreibungen gar keine Angebote oder nur ein Angebot gibt. Und immer öfter sind verzweifelte Auftraggeber bereit, auch Abwehrangebote zu bezahlen. Hauptsache, der Job wird erledigt. Zu wessen Lasten das beispielsweise bei Aufträgen der öffentlichen Hand geht, kann man sich leicht ausrechnen. Dass so manches Bauprojekt deutlich teurer wird als geplant, hat womöglich auch damit zu tun.

Viele Firmen in der Bauwirtschaft, aber auch im Handwerk kommen kaum nach mit der Arbeit. Der Stau am Bau ist offenkundig. Vor zehn Jahren hätte man einfach die Betriebsgröße an das geänderte Auftragsvolumen angepasst, doch das kriegt inzwischen kaum noch jemand hin. Grund ist das fehlende Personal. Händeringend wird nach Facharbeitern und Ingenieuren gesucht, aber nicht nur hier, sondern mindestens in ganz Deutschland.

Jetzt rächen sich die Fehlentwicklungen der vergangenen Jahrzehnte nach der Wende, die wir sehenden Auges in Kauf genommen haben: Eine Billiglohnpolitik, die als Standortvorteil gepriesen wurde, tatsächlich aber ganze Jahrgänge gut ausgebildeter Leute in die alten Bundesländer trieb, eine einseitige Fokussierung auf gymnasiale Schulbildung, die alles Mögliche produzierte, nur keine brauchbaren Leute für Bau- und Handwerksbetriebe.

Das nennt man verfehlte Politik.

Schönes Wochenende!

DIE KUNST DES LOSLASSENS

Es ist gut 25 Jahre her, dass ich zum ersten Mal als Berichterstatter in einem Kreistag in Saalfeld saß. Zumeist junge Männer um die 40, die nach der Wende politisch aktiv geworden waren oder sich in einer der Blockparteien nicht allzu sehr versündigt hatten, übten sich in Demokratie, stritten über den richtigen Weg und wollten alles besser machen als ihre gescheiterten Vorgänger. Da flogen durchaus schon mal die Fetzen.

Als ich am Dienstag dieser Woche im Speisesaal der Thüringen-Klinik in Saalfeld durch die Reihen der heutigen Kreistagsmitglieder schaute, erblickte ich so manches Gesicht von damals. Sie sind grau geworden wie ich auch, altersmilde und kampfesmüde. Angekommen im siebten oder gar achten Lebensjahrzehnt, können sie noch immer nicht davon lassen, sich politisch einzubringen. Das Alter der Greise im SED-Politbüro, über die sie einst spotteten, haben sie jetzt selbst erreicht.

Was, frage ich mich, treibt einen 75-Jährigen an, als Bürgermeister zu kandidieren, wenn nicht die Illusion, kein anderer könnte es so gut wie man selbst?

Loslassen ist eine Kunst, Freunde! Das weiß jeder, der Kinder großgezogen hat oder eine Liebe verloren. Es ist aber trotzdem notwendig. Kinder müssen irgendwann ihren eigenen Weg gehen, und eine verlorene Liebe kehrt nicht zurück. Und wenn doch, dann ist es nie mehr wie vorher.

Im nächsten Frühjahr werden überall im Landkreis neue Stadt- und Gemeinderäte gewählt, auch ein neuer Kreistag. Die Aktivisten der Wendezeit hatten ihre Chance. Ob sie sie genutzt haben, möge nun bitte nicht mehr der Wähler entscheiden. Irgendwann ist es gut.

Ich wünsche mir für die Kommunalwahlen möglichst viele frische und kluge Kandidaten, die etwas bewegen wollen für sich und ihre Kinder. Am liebsten junge Frauen. Es gibt sie, vereinzelt in Parteien, ganz häufig aber in Vereinen, die sich für den Kindergarten im Ort, die Schule, Sport und Kultur engagieren.

Habt den Mut, euer Schicksal selbst in die Hand zu nehmen und bestimmt mit, was in eurer Heimat passiert! Sonst machen es wieder die anderen.

Schönes Wochenende!

WIE ZU ZONENZEITEN

Hinter der früheren Porzellanfabrik in Schaala, die gerade zu einem guten Dutzend Wohnungen umgebaut wird, stehen zwei Autos mit slowakischen Kennzeichen. „Trockenbauer", sagt Bauherr Jörg Thielicke, als ahnte er meine Frage. Den Grund muss er mir nicht erklären.

In dieser Woche, zwischen dem Tag der deutschen Einheit und dem 69. Geburtstag der Deutschen Demokratischen Republik, stehen auf vielen Baustellen Autos mit Kennzeichen aus früheren Bruderstaaten. Man muss inzwischen froh sein, wenn überhaupt noch irgendwelche Handwerker vorfahren. Der Fachkräftemangel schlägt in einer Wucht und Schnelligkeit durch, die man nicht für möglich hielt. Wer keinen Maler als Freund, Elektriker als Nachbarn oder Klempner mit offenen alten Rechnungen hat, sollte vom Bauen momentan lieber die Finger lassen. Es sei denn, er kann alles selbst.

„Wie zu Zonenzeiten", beschreibt Sonnenhauserbauer Jörg Thielicke die Situation. Entweder du hast ein gefragtes Tauschgut oder sehr viel Geld. Ansonsten gilt: Ohne Beziehungen geht gar nichts.

Gelernte DDR-Bürger werden sich noch gut daran erinnern können, wie mit Mangelware Geschäfte gemacht wurden. Zwei Lizenz-Schallplatten gegen einen Ölradiator, ein Trabi-Kotflügel für die Reparatur des Scheunendaches, 300 Fliesen für eine Baugrube. Wer hatte, konnte für D-Mark fast alles bekommen. Aber auch das ist lange vorbei. Wenn sich wie in der Fernsehsendung „Extra 3", wo in einer nahen Zukunft statt Sechsern Handwerkertermine im Lotto verlost werden, Satiriker des Themas annehmen, muss die Lage im Land bitterernst sein.

Kurzfristig wird das Problem nicht zu lösen sein, denn Trockenbauer und Heizungsinstallateure wachsen nicht auf Bäumen, und noch immer zieht es mehr mittelmäßig begabte junge Leute zum Studium als zu einer Ausbildung im Handwerk.

Wer da an welcher Stelle welchen Fehler gemacht hat, ist im Moment nicht die drängendste Frage. Es gibt wichtigere: Wer repariert mein Klo? Und wo ist eigentlich meine Cat-Stevens-Platte von Amiga?

Schönes Wochenende!

DIE SPITZE DES RUNDEN

Die Thüringer zählen zu den dicksten Deutschen. Egal, ob man den durchschnittlichen Bauchumfang zu Grunde legt oder den Anteil der Übergewichtigen – wir sind sozusagen die Spitze des Runden. Oder freundlich ausgedrückt: zu klein für unser Gewicht.

Das ist schlecht, denn zu viele Pfunde belasten Gelenke, Herz und Kreislauf, treiben die Kosten der Krankenkassen in die Höhe, stehlen uns Lebensqualität und Lebenszeit. Überdies sind Fettpolster an den falschen Stellen einer der größten Lustkiller, was vielleicht die miserable Reproduktionsquote des gemeinen Thüringers erklärt.

Das alles könnte man mit Bedauern zur Kenntnis nehmen und als landschaftsbedingte Fehlentwicklung abheften, wäre es unabänderlich, schicksalhaft.

Ist es aber nicht, wie gerade die spanische Kleinstadt Narón vormacht, die in etwa so groß ist wie Saalfeld und Rudolstadt zusammen. Gemeinsam abnehmen ist dort das Gebot der Stunde, wie ich gestern in unserer Zeitung lesen konnte. 200 000 Pfunde sollen binnen zwei Jahren purzeln.

Zehn Prozent müsste jeder Übergewichtige abnehmen, damit das ehrgeizige Ziel erreicht wird. Bürgermeisterin Marián Ferreiro geht mit gutem Beispiel voran und will ihre aktuell 75 Kilo weiter reduzieren.

Ihre Amtsbrüder im Städtedreieck Saalfeld/Rudolstadt/Bad Blankenburg können darüber nur müde lächeln. Sie bringen zusammen locker das Vier- bis Fünffache auf die Waage, könnten also als leuchtender Dreiklang dem spanischen Beispiel folgen und ihre Mitbürger anspornen, es ihnen gleich zu tun. Noch haben wir die Chance, dieses dicke Brett vor allen anderen Thüringer Regionen zu bohren.

Man stelle sich vor, wie neidvoll man von der Perlenkette an der A 4 auf die ausgedünnte Region im Südosten des Freistaates blicken würde, deren politische Leichtgewichte aus jeder Talkshow lächelten und in katalanischen, bulgarischen und norwegischen Zeitungen – Feengrotten, Heidecksburg und Thüringer Meer preisend – das Rezept ihres Erfolges verkündeten: Oben weniger reinstecken, als man an Energie verbrennt.

Schönes Wochenende!

WAS KOMMT ALS NÄCHSTES?

Reden wir also über Liedtexte. „O wunderbares Glück!/ Denk doch einmal zurück:/Was hilft mir mein Studieren,/viel Schulen absolvieren?/Bin doch ein Sklav, ein Knecht;/O Himmel ist das recht?"

Dieses inzwischen über hundert Jahre alte Soldatenlied fand sich im Frühjahr 1985 neben eigenen Liedtexten in einem Hefter im Spind meiner Soldatenunterkunft in der Erfurter Löberfeld-Kaserne, in der ich für 18 Monate der

Nationalen Volksarmee als Richtfunker diente. Sorgsam abgetippt mit einer Erika-Schreibmaschine, darüber per Hand die Akkorde für die Gitarre notiert.

Eines Tages, ich war im Urlaub oder Ausgang, trug ein Unteroffizier, den ich für einen Freund hielt, den ganzen Hefter heimlich zur Staatssicherheit. Mir wurde wegen eines Zupfgeigenhansl-Liedtextes Zersetzung der Wehrbereitschaft unterstellt. Fortan galt ich als „feindlich-negativ", ein Subjekt, das man im Auge behalten musste, ein Staatsfeind. All das habe ich nach der Wende aus meinen Stasi-Akten erfahren.

Ich habe keine Ahnung, wie staatsfeindlich die Punkband „Feine Sahne Fischfilet" ist, über deren Auftritt in Saalfeld seit zwei Wochen gestritten wird. Ich kannte sie bis vor kurzem überhaupt nicht. Im Unterschied zu diversen Nazibands ist sie jedenfalls nicht verboten.

Was ich aber weiß, ist, dass man tunlichst die Finger von der Freiheit der Kunst lassen sollte, wenn einem die Freiheit im Ganzen etwas wert ist. Wenn Leute anfangen, den Oberzensor zu spielen, Auftrittsverbote zu fordern, weil ihnen Liedtexte gegen den Strich gehen, sollten bei jedem Demokraten die Alarmglocken schrillen.

Die Frage ist nicht, was unserer Jugend guttun könnte und was nicht. Das hat sie schon immer selbst herausgefunden. Die Frage ist, was kommt als nächstes? Eine Gesellschaft von Denunzianten? Bücherverbrennungen? Boykottaufrufe? Gewalt gegen Andersdenkende?

Wer die Diktatur erlebt hat, weiß, dass die Freiheit, die wir heute leben, keine Selbstverständlichkeit ist. Kleingeister sind dabei stets die größte Gefahr.

Schönes Wochenende!

DAS LEBEN IST SCHÖN

Wie lebt man richtig? Was ist wichtig im Leben und was weniger? Wenn man als Journalist seinen Beruf mit Herzblut ausübt und nicht den bequemen Weg geht, kommt man immer wieder mit Geschichten in Berührung, die das eigene Koordinatensystem in Frage stellen. Schicksale, die etwas mit einem selbst machen, Werte verschieben, zum Nachdenken zwingen, auch wenn es mitunter schmerzlich ist.

Besonders nah gehen mir immer die Geschichten von Kindern, die – wie alle Menschen – unschuldig auf die Welt kommen, mehr oder weniger behütet in Friedenaufwachsen und dann aus dem Leben gerissen werden. „Der hellste Stern ist unsere Marie", war die Geschichte einer Rudolstädter Familie überschrieben, die bei einem Brand ihre kleine Tochter verlor. Fast nicht auszuhalten die Sitzung der Selbsthilfegruppe „Verwaiste Eltern" in Saalfeld, in der der Verlust des eigenen Kindes gemeinsam betrauert und verarbeitet wird. Oft sind es Unfälle, die den Menschen das Liebste nehmen.

Auch das Schicksal von Julia Gruner, über das wir in dieser Ausgabe berichten, hat bei mir Spuren hinterlassen. Ein kleines schwaches Bündel, das die Ärzte schon aufgegeben haben und das sich mit unbändigem Willen ins Leben kämpft, anderen Mut macht, Liebe gibt und Freude ausstrahlt. Jeder Behinderung zum Trotz.

Und dann, als sie nach einer Odyssee in den Kliniken des Landes endlich ohne Einschränkung leben kann, kommt eine betrunkene Frau im Auto daher und fährt sie um. Einfach so. Keine zwei Wochen später stirbt sie genau in der Stadt, in der man ihr 34 Jahre zuvor kein Jahr zum Leben gegeben hatte. Wie grausam kann das Schicksal sein?!

Die Schlüsse aus den Geschichten muss jeder für sich selbst ziehen. Mir hat Julia Gruner, die ich nie kennenlernen durfte, aus ihrem Grab in Zwickau-Planitz zwei Botschaften geschickt, die ich künftig noch mehr beherzigen will: Gib nicht auf, auch wenn die Lage noch so aussichtslos ist! Und: Das Leben ist schön! Genieße es, solange du Gelegenheit dazu hast. Es kann so schnell vorbei sein.

Schönes Wochenende!

WÜNSCHE ZUM FEST

Lieber guter Weihnachtsmann, ich hoffe, du kannst mir verzeihen, dass ich dich nur in der männlichen Form anspreche und ohne großes "I" schreibe. Ich bin nämlich ein bisschen altmodisch. Immerhin glaube ich an dich, irgendwie. Im Gegensatz zu den Klugscheißer-Kids aus der 3b, die dich für eine Erfindung von Coca Cola halten.

Du hast mir fast immer meine Wünsche erfüllt. Den Teddybären mit den Glasaugen, die nicht halten wollten, den Optikbaukasten mit Fernrohr und Mikroskop, die Fußballschuhe von Ilmia, die Musikkassetten C 60, später die ersten Germina-Langlaufski aus Kunststoff, unhandliche 2,20 Meter lang.

Viel wichtiger waren mir aber immer die Dinge, die man nicht kaufen konnte. Dass meine Eltern noch da sind, wenn ich früh aufwache. Dass Frank Runge mich zu seinem achten Geburtstag einlädt und ich endlich vier Meter im Weitsprung schaffe.

Später habe ich mir gewünscht, dass Anke Zimmermann ihren Schulbus verpasst, damit ich sie noch ein bisschen länger ansehen kann, und Marion Fischer am Mittwoch in den Studentenclub kommt. Das meiste davon hast du irgendwann möglich gemacht. Du warst so etwas wie eine Konstante in meinem Leben. Jemand, auf den man sich verlassen kann.

Auch was ich mir dieses Jahr zu Weihnachten von dir wünsche, ist komplett kostenlos. Mach bitte, dass die Menschen wieder freundlicher miteinander umgehen. Verwandele dich in Verkäuferinnen, Zugschaffner, Beamte oder Ärzte und schenke ihnen ein Lächeln. Nimm die Hässlichen und Gemeinen, denen es an Liebe fehlt, in den Arm und zeige ihnen, dass das Leben schön ist, wenn sie es nur zulassen. Lass diejenigen, die sich minderwertig fühlen, erkennen, dass dies nicht besser wird, wenn man gegen andere hetzt. Lass die Menschen Freude empfinden an den kleinen Dingen des Alltags und nicht verzweifeln an der Welt, die noch zu retten ist, wenn wir es nur wollen.

Lieber Weihnachtsmann, mach das Unmögliche möglich. Und lass Bayern bitte nicht zum siebten Mal hintereinander Meister werden.

Schönes Wochenende!

LEBEN GEGEN DEN ZYKLUS

Es gibt eine ganze Reihe von Möglichkeiten, seine Meinung zum Leben der anderen öffentlich zur Schau zu stellen. Man kann sich pflanzlich ernähren, nach Herzenslust rauchen, auf Flüge und Plastikverpackungen verzichten, die Haare lang wachsen lassen oder die AfD wählen. Meistens spielen Überzeugungen eine Rolle, oft Protest, gelegentlich auch Verachtung.

Eine besonders moderne Form des Andersseins ist die antizyklische Lebensweise. Das bedeutet, dass man Dinge immer dann tut, wenn der Rest der Menschheit nicht im

Ansatz daran denkt. Also beispielsweise bei 40 Grad im Schatten in der Oberhofer Skisporthalle an seiner Skatingtechnik feilen oder im Schnee Beachvolleyball spielen.

Wer antizyklisch einkauft, kann viel Geld sparen, wenn er beispielsweise zu Pfingsten Schokoosterhasen shoppt, oder viel Geld ausgeben, wenn er unbedingt im Februar Weintrauben essen muss. Nachhaltig ist das alles nicht, aber hip. Manchmal auch einfach nervenschonend, etwa wenn man schon am späten Abend zum Urlaub in die Alpen aufbricht oder nach Saalfeld über den Kulm statt durch Rudolstadt fährt.

Im Leben gegen den Zyklus ist ohnehin nichts heilig. Man kann mit Verweis auf den Nonkonformismus mit drei PartnerIIIInnen mit drei großen I gleichzeitig leben, für ein verlängertes Wochenende nach Curaçao fliegen oder für 27 000 Euro in der Silvesternacht ein Chalet in Kitzbühel mieten. Hauptsache exklusiv. So wie ein Einhorn als Haustier, ein 25-km/h-Auto als Zweitwagen oder eine dreifarbige Damenfrisur aus Lila, Rot und Türkis, wie man sie nicht mal zwischen Mötzelbach und Kuhfraß findet.

In der „Süßen Eisecke" am Rudolstädter Güntherbrunnen habe ich dieser Tage ein braunes Pfefferkucheneis gegessen. Nach den Feiertagen, bei minus sieben Grad. Doppelt antizyklisch, sozusagen. Woran man sieht, wie schnell aus Protest Mainstream werden kann. Hinter mir kaufte eine Frau auch eine Kugel Pfefferkucheneis.

Ehe man sich versieht, ist man plötzlich stärkste Kraft im Osten. Geschmeckt hat es keinem von uns. Aber darum ging es ja auch nicht.

Schönes Wochenende!

ZU VIEL VON ALLEM

So, dann also mal Butter bei die Fische! Wer wie ich in den ersten 20 Jahren nach dem Ende des Zweiten Weltkriegs geboren wurde, hat in Mitteleuropa mindestens ein halbes Jahrhundert unbehelligt, in relativem Wohlstand und vor allem in Frieden gelebt. Das gab es seit Menschengedenken nicht.

Die vergangenen Jahrzehnte waren ein Segen für den Homo sapiens. Noch nie waren die Menschen so gesund, so gebildet, so reich, so frei und so sicher vor Gewalt wie heute. Die Kindersterblichkeit zum Beispiel hat sich zwischen 1990 und 2016 mehr als halbiert. Die Gefahr, durch einen Terroranschlag ums Leben zu kommen, ist heute erheblich geringer, als sie in der 70er und 80er Jahren war und übrigens auch geringer, als an einer Fischgräte zu ersticken.

Zusammengetragen und mit Zahlen untersetzt hat diese Fakten mein Kollege und Altersgefährte Walter Wüllenweber in seinem Buch „Frohe Botschaft", das mir ein Saalfelder zur Lektüre empfahl, nachdem ich in der vorigen Woche darauf hingewiesen hatte, wie der „Jammer-Ossi" im Hetznetz Facebook fröhliche Urständ feiert.

Gemeinsam geht uns dreien – und womöglich noch ein paar Leuten mehr – auf den Senkel, wie sich das Weltbild vieler Mitbürger immer mehr mit schwarzer Farbe füllt. Als stünden wir vor dem Abgrund, gefangen in der Angst vor Katastrophen, Kriegen und Gewalt, die in Wirklichkeit nicht mehr, sondern weniger werden. Gewachsen ist nur die Zahl der Berichte darüber, die „Brennpunkte" und „Spezial", wenn mal wieder Winter ist, wie zu Jahresbeginn.

Dabei ist es nicht so, dass wir keine Probleme hätten. Nur eben andere, als uns die Profiteure der Angst vermitteln wollen. Tatsächlich sind wir zu fett, zu unbeweglich, zu bequem und haben verlernt, selber zu denken. Wir verspielen die Zukunft unserer Kinder und Enkel, indem wir mit zu großen Autos zu viele Schadstoffe in die Luft blasen. Wir essen zu viel Fleisch und zu wenige Ballaststoffe. Wir kaufen zu viele Plastikverpackungen und kümmern uns zu wenig um unsere Insekten. Aber wen kümmert's?

Schönes Wochenende!

TRETMINEN IM SPERRGEBIET

Da hat er etwas angerichtet, der Wehr Wolfgang aus dem finsteren Gräfenthal! Überdrüssig der zunehmenden Zahl von Dreckschweinen – ein besserer Begriff fällt mir gerade nicht ein –, die den Kot ihrer vierbeinigen Statussymbole liegen lassen, wo auch immer er den Hundeanus gerade verlässt, setzte der Bürgermeister in dieser Woche eine Art – nun ja – Kopfprämie aus: 100 Euro aus der privaten Tasche des Stadtoberhaupts für jeden, der einen Hundebesitzer auf frischer Tat beim „Wegsehen" ertappt und ein Beweisfoto schießt.

Der durchaus innovative Vorschlag avancierte zum Quotenhit der Generation Klick, noch vor allen Blitzern, Faschingsscherzen, Unfällen und Stauseeaufwertungsvorhaben. Und er zeigt exemplarisch, warum in Deutschland quasi alles zerredet wird. Ganz vorne in der Schlange der Bedenkenträger stehen die (Möchtegern-) Juristen. Sie führen Schlagworte wie Persönlichkeitsrecht, Datenschutzgrundverordnung oder Versteuerung der Spitzel-Einkünfte in den Raum.

Dann kommen die Hundebesitzer selbst, die für 60 Euro Hundesteuer im Jahr gern ihren persönlichen Gassiweg mit Beutelspendern und Abfallbehältern gepflastert haben wollen. Wenn sie sich schon selbst bücken sollen. Und dabei gern im Nebensatz darauf verweisen, dass Pferde, Katzen und Wildtiere ebenfalls kacken. Als würde das irgendwas ändern.

Eine politische Note bekommt die Causa Gräfenthal durch die Lage des Ortes im ehemaligen Sperrgebiet und die Herkunft des Bürgermeisters aus dem nichtsozialistischen Wirtschaftsraum. Will der Wessi die Stasi neu aufleben lassen? Sollen sich frühere Grenzhelfer mit der Digitalkamera auf die gesamtdeutsche Lauer legen?

Sehr beliebt ist im Netz auch die Methode „Ja, aber!". Wie sieht's denn mit den Leuten aus, die den Müll und die Kippenstummel einfach in die Natur schmeißen?, fragte eine unserer Facebook-Freundinnen. Und eine stolze Hundehalterin stellte fest: „Hauptsache, die Kinder haben nix an den Schuhen, dass sie im Happy Meal Plastik ‚fressen', ist keinen Artikel wert."

Schönes Wochenende!

DIE ALTEN VON MORGEN

„Die Jungen" kandidieren wieder für den Saalfelder Stadtrat. Das ist wunderbar. „Jung" ist ein Markenzeichen. Es steht für dynamisch, langlebig, fordernd. Dass es überhaupt einen Wahlvorschlag mit diesem Namen gibt, hat gewiss damit zu tun, dass es junge Leute in den Parteien oft schwer haben, mit ihren Ideen durchzudringen.

Wenn man sieht, wie ein paar konservative ältere Herren hyperventilieren, weil junge Leute während des Unterrichts (!) für ihre Zukunft auf die Straße gehen, bekommt man eine Ahnung, wie viel Mief da noch in den Hinterzimmern steckt.

Hätte nie jemand etwas Verbotenes getan, würden dieselben Herren heute noch unterm Honecker-Bild sitzen.

Das Witzige an den „Jungen" ist, dass ihr Spitzentrio noch dasselbe ist wie vor fünf Jahren, als man erstmals in den Stadtrat einzog. Man darf gespannt sein, wie lange man das noch durchhält und wann es in Etikettenschwindel umschlägt, denn schließlich sind die Jungen von heute die Alten von morgen. Ehe man sich versieht, gehört man selbst zum alten Eisen. Obwohl man sich kein bisschen so fühlt. Ich weiß, wovon ich spreche.

Dabei ist Jugend kein Verdienst, eher eine Gnade. So wie Alter kein Makel ist, auch wenn uns die Werbeindustrie anderes weismachen will. Vielleicht sind die 14- bis 49-Jährigen deshalb „werberelevante Zielgruppe", weil man sie noch so schön über den Nuckel ziehen kann. Wer die 50 überschritten hat, lässt sich als Mann keine Beinrasierer mehr aufschwatzen. Und als Frau keine Powerbank in Einhorn-Optik.

Entscheidend ist nicht, dass man alt wird – dieses Schicksal bleibt nur den jung Verstorbenen erspart –, sondern wie.

Errungenschaften der Chemie und der Schönheitschirurgie mögen Menschen mit geringem Selbstwertgefühl beim Blick in den Spiegel helfen, man kann sich aber auch einfach so annehmen, wie man ist. Das ist für mich Altern mit Würde.

Von George Orwell stammt der Satz „Mit fünfzig hat jeder das Gesicht, das er verdient". Im besten Fall mit ein paar dicken Lachfalten um die Augen.

Schönes Wochenende!

APROPOS OSTERHASE

Lieber guter Weihnachtsmann, nein, es ist kein Zufall, dass ich dir mitten im Jahr schreibe. Es ist dringend, eine Art Beschwerde. Ich wollte dich sozusagen auf den letzten Metern an meinen Wunsch vom Dezember erinnern, dass du das Unmögliche möglich machen sollst. „Lass Bayern bitte nicht zum siebten Mal hintereinander Meister werden", stand da auf meinem Wunschzettel. Unübersehbar, schwarz auf weiß.

Ich habe keine Ahnung, ob, und wenn ja, wie sehr du dich bemüht hast. Fakt ist, zu Weihnachten hatte Borussia Dortmund 42 Punkte unterm Baum und der Moneymeister 36. Danach kamen bei Bayern 39 dazu und beim BVB nur 31. Vom Torverhältnis wollen wir gar nicht erst reden. Weshalb vor dem heutigen letzten Spieltag alles für München spricht.

Falls du es also einfach noch mal spannend machen wolltest, um mir meinen Weihnachtswunsch erst ganz zum Schluss zu erfüllen, dann sind die ganzen Flüche und ausgerauften Haare geschenkt. Falls nicht, dann war's das mit uns. Dann glaube ich nämlich ab sofort an den Osterhasen.

Apropos Osterhase. Morgen in einer Woche wird gewählt; und es gibt tatsächlich Leute, die glauben, dass sich danach etwas ändert. Zu denen ich übrigens auch gehöre. Weniger vielleicht in Europa, aber bei uns vor der Haustür kann sich einiges ändern, wenn genug Menschen zur Wahl gehen und die richtigen Leute in Stadt- und Gemeinderäte, als Bürgermeister oder in den Kreistag wählen.

Ein Skatfreund von mir möchte schon seit Jahren wissen, wen ich eigentlich wähle. Es wird mein Geheimnis bleiben. Ein früherer ZDF-Chefredakteur hat dazu mal gesagt: „Ich bin den unterschiedlichen Parteien unterschiedlich fern". Das würde ich für mich auch in Anspruch nehmen.

Bei den Kommunalwahlen geht es aber gar nicht in erster Linie um Parteien und ihre Programme, es geht um Personen, die in unserer Nachbarschaft wohnen, mit denen wir Hobbys teilen, die wir beim Elternabend treffen oder beim Einkaufen. Ich wünschte mir mehr fröhliche Menschen in unseren Räten, mehr junge Leute mit frischen Ideen und einem optimistischen Blick auf das Leben, mehr Frauen.

Wählen Sie also, verdammt noch mal, das Sonnenscheinchen aus der Lindenstraße! Oder eben den Osterhasen.

Schönes Wochenende!

ZUM LETZTEN MAL FREMDGEHEN

Die Leser dieser Zeitung, die im Schnitt – so viel Ehrlichkeit muss sein – die 50 schon längst überschritten haben, kennen das Gefühl sehr gut: Irgendwann in diesem endlichen Leben tut man Dinge zum letzten Mal. Das ist kein Privileg der Generation Zeitungsleser und geht schon viel eher los, als uns bewusst ist.

„Abstillen" heißt der Entzug der Muttermilch in der Sprache der Tyrannen, auf allen Vieren zu krabbeln, kommt spätestens im Grundschulalter nicht mehr so richtig gut, und der Bedarf an „Bibi und Tina" ist bis zur Pubertät für den Rest des Lebens gedeckt, das danach vermeintlich ja erst richtig anfängt.

Doch ehe man es sich versieht, schließen sich die Zeitfenster schneller, als einem lieb sein kann. Jedes Jahr, das man älter wird, wird ein Vergnügen gestrichen. Vollrausch mit Filmriss, Skat bis zum Morgengrauen, einen

Schmetterball beim Volleyball ins Angriffsfeld dreschen, ohne Nachdenken mit Skiern die schwarze Piste runterdonnern, zu Hause rumhängen und einfach nichts machen, Pläne schmieden für den Umsturz der Regierung. Das meiste davon vermisst kein Mensch.

Doch ehe man sich versieht, ist man 30 und bekommt eine Ahnung, dass man nicht ewig jung bleibt. Das, liebe Nachgeborene, ist aber nur der zarte Vorgeschmack auf das, was die nächsten 30 Jahre passiert. Das letzte Mal Fremdgehen, das letzte Mal befördert werden, das letzte Mal rebellieren.

Danach beginnen die ultimativen Dinge. Das letzte Auto, das letzte schmerzfreie Erwachen, der letzte Sex. Irgendwann – vielleicht schon morgen – werde ich zum letzten Mal auf gedrucktem Papier über eine Kommunalwahl im Landkreis Saalfeld-Rudolstadt schreiben. Seien Sie so nett und wählen sie die Guten!

Schönes Wochenende!

SO SCHÖN, SO LEER

Wer mich schon länger kennt, zum Beispiel von dieser Kolumne, weiß um ein paar Leidenschaften, die ich schon hatte, als Zugfahren und Radfahren weder politisch korrekt noch CO_2-steuertechnisch potenziell begünstigt waren. Ich habe das noch nie zur Rettung der Welt betrieben, sondern weil ich es für mich als Gewinn entdeckt habe. Im Zug kann ich – warum auch immer – am besten nachdenken. Fahrradfahren ist nach meinem Empfinden die schönste Form der Fortbewegung: Langsam genug, um etwas über die Landschaft und die Menschen zu erfahren, schnell genug, um vorwärtszukommen.

Die Zeitung, für die ich nun ziemlich genau mein halbes Leben meine Haut zum Markte trage, hat in diesem Frühjahr und Sommer „Radwanderwochen" zur Serie ausgerufen. Gern steuern wir aus der Lokalredaktion Saalfeld-Rudolstadt ein schönes Stück Saaleradweg, den Loquitzradwanderweg und den Schwarzatal-Radweg bei. Letzteren habe ich in dieser Woche zwei freie Tage lang beradelt. Ende Juni soll der entsprechende Beitrag ostthüringenweit erscheinen.

Die Erlebnisse am Rande, die für den touristischen Werbeblock keine Rolle spielen, möchte ich aber schon an dieser Stelle mit Ihnen teilen. Die Kernfrage lautet: Wann, zum Teufel, ist diese wunderschöne Gegend, in der meine Eltern ihre Flitterwochen auf glückselige Art verbrachten, auf der Strecke geblieben? Was ist schiefgelaufen, dass ich an zwei Tagen zwischen Rudolstadt-Schwarza und Neuhaus am Rennweg nicht mehr als zwei Dutzend Radler getroffen habe?

Das Schwarzatal ist in seiner landschaftlichen Vielfalt, der Naturnähe, der Dichte von historischen Orten und dem Erlebnisfaktor schöner als Elbe-, Saale- und Oderradweg zusammen, die jeder für sich ein Vielfaches an Touristen zählen. Weshalb gelingt es hier nicht, dieses Pfund in Euro umzumünzen. Wer hat da wann versagt?

Die Menschen, die ich traf, in der Mehrzahl übrigens aus den alten Bundesländern, waren durchweg begeistert von diesem wundervollen Stück Heimat. Sie hatten Verständnis dafür, dass nicht jedes gastronomische oder museale Angebot sieben Tage 24 Stunden verfügbar ist.

Schlecht geredet wurde die Gegend – an diesen zwei Tagen – eigentlich nur von Einheimischen. Viel Stoff zum Nachdenken auf der nächsten Zugfahrt.

Schönes Wochenende!

WIR MÜSSEN REDEN

Reden wir also über Auswanderung. Knapp 300 000 Menschen, fast dreimal so viele, wie der Landkreis Saalfeld-Rudolstadt Einwohner hat, kehrten Deutschland im Jahr 2016 den Rücken. Wirtschaftsflüchtlinge auf der Suche nach einem besseren Leben? Verzweifelte? Euphorisierte? Verblendete? Jeder hat seinen eigenen Grund.

Im Moment nehme ich viele Motive für vollmundige Drohungen wahr, die Heimat zu verlassen. Die einen wollen die Koffer packen, weil die Grünen in Umfragen in Deutschland aktuell die Nase vorn haben. Die anderen halten es im Osten der Republik nicht mehr aus, weil bei uns so viele Menschen AfD wählen. Fast jeder Dritte, dem man im Kaufland, bei McDonalds oder im Fitnessstudio begegnet, hat die Rechtspopulisten gewählt. Da kann man schon mal verzweifeln.

Der Verzweiflung entflohen ist – zumeist aus wirtschaftlichen Gründen – eine ganze Generation, die heute mit offenem Mund auf die Wahlergebnisse in ihren Herkunftsorten blickt – und als politisches Korrektiv vor Ort fehlt. Junge Leute, die das ganze Leben noch vor sich haben und sich etwas aufbauen wollen, haben nun mal andere Interessen als ihre Eltern, die mit ganz anderen Alltagsproblemen zu kämpfen haben. Vor allem mit der Tatsache, dass sie ohne ihre Kinder alt und irgendwann hilflos werden.

„Mama, Papa, ich hab euch lieb, aber was soll ich hier?!" Tausende haben diesen Satz von ihren Kindern gehört und – nicht ganz zu Unrecht – die Politik dafür verantwortlich gemacht. Da ist tatsächlich vieles schiefgelaufen in den vergangenen fast 30 Jahren. Während die CDU ihr Billiglohnland Thüringen pries, war die Abwanderung kluger, junger Leute in jene Gegenden, in denen man heute die Grünen wählt, längst im Gange. Und während die SPD noch meinte, das Schlimmste verhindern zu können, haben die Frustrierten längst die Oberhand an vielen Vereinsstammtischen von der Feuerwehr bis zu den Landfrauen gewonnen.

Das Schlimme am durch das Internet angefeuerten neuen Hass auf vermeintlich Linke und vermeintlich Rechte ist, dass er Vorbehalte projiziert auf jene, die noch gestern unsere Katzen während des eigenen Mallorca-Urlaubs gefüttert haben oder uns sonst irgendwie aus der Patsche halfen.

Ich glaube, wir müssen reden.

Schönes Wochenende!

MEIN LEBEN IN KREIDE

Sind Sie, liebe Leser, schon mal in einen Raum gekommen, in dem die Anwesenden scheinbar alles über Sie wissen und Sie selbst nichts über die anderen? Ich kannte dieses Gefühl bisher nur vom Stasi-Verhör. Bis gestern. Da war ich als „Zeitzeuge" ins Saalfelder Heinrich-Böll-Gymnasium geladen.

Die neue Form der nachrichtendienstlichen Informationsbeschaffung heißt „googeln". Was die Suchmaschine über mich ausspuckt, fand sich dann in Form eines ziemlich kompletten Lebenslaufes als Gedächtnisstütze für die fragende Schülerrunde auf der Tafel notiert. Mein Leben in Kreide. Abgewischt mit drei Schwammstrichen. Gruselig!

Allerdings hat das Dasein als Zeitzeuge auch gute Seiten. Man blickt in junge Gesichter, kann sich persönlich davon überzeugen, dass die Jugend von heute genauso klug, neugierig und nett ist, wie die Jugend von gestern, und es wird einem – anders als zu Hause – zugehört.

Man braucht als Zeitzeuge keinen Abschluss, keine Sekretärin und keine Steuernummer. Es reicht, dass man alt ist und gewillt zu erzählen, wie man erst groß und dann alt geworden ist. Ein paar Anekdoten machen sich da ganz gut.

„Wise man" haben mich die geradezu jugendlichen Crewmitglieder aus Brasilien und Indonesien schon vor 15 Jahren beim Dschunken-Urlaub mit Weltumradler Axel Brümmer genannt. Das war ein bisschen ironisch und ein bisschen respektvoll gemeint. Das „old" klang damals nur im Subtext mit. Danach wurde erst der Bart weiß, dann nach und nach der Rest.

Irgendwann wird man sich damit trösten, dass man wenigstens überhaupt noch Haare hat. Ob man allerdings jemals weise wird? Ich bin geneigt, zu sagen: Hoffentlich nicht!

Als ich mich nach dem anstrengenden Job als Zeitzeuge zu Hause an den Schreibtisch setzte, um diese Kolumne zu schreiben, fiel mein Blick auf ein Buch, das mir meine Kinder vor Jahren geschenkt haben müssen. „PAPA, ERZÄHL MAL!" steht da in Versalien auf dem Buchdeckel. Es enthält Fragen nach meinem Leben. Was mein Lieblingsspielzeug war, wie ich ihre Mama kennen gelernt habe, welche fünf Dinge mir im Leben am wichtigsten sind.

Ich habe keine einzige dieser Fragen bis heute beantwortet. Wann denn auch?!

Schönes Wochenende!

GRÜSSE AN DIE INFO-ELITE

Als ich zur Redaktionssitzung am Donnerstag in die Gesichter der Kollegen – und danach in den Spiegel – schaute, sah ich hier und da ein bisschen Erschöpfung. Das mag an der Hitze liegen, daran, dass die Hälfte des Jahres schon wieder vorbei ist und wir unseren Job alle mit Herzblut machen. Vor allem aber liegt es wohl an der Demokratie.

In den vergangenen drei Wochen haben sich sämtliche Kommunalparlamente konstituiert, die am 25. Mai neu gewählt wurden. Grob überschlagen dürften es um die 400 Leute aus dem Landkreis sein, die sich als gewählte Volksvertreter darum kümmern, dass in Städten, Gemeinden und im Landkreis die Weichen so gestellt werden, wie es diejenigen erwarten, die sie gewählt haben.

Vom sechsköpfigen Gemeinderat in Hohenwarte, in dem der Schützenverein die absolute Mehrheit hat, bis zu den 46 Kreistagsmitgliedern, die sich am nächsten Dienstag schon zum zweiten Mal treffen, schlagen sich fortan Frauen und Männer für weniger als den Mindestlohn ihre Freizeit um die Ohren. Das hat an sich schon Respekt verdient, jedenfalls nicht Häme und Hass der Frustrierten, die sich so gern an der Tastatur ihres Rechners abarbeiten.

„Zehntausende von ehrenamtlichen Mandatsträgern sind das Fundament, auf dem das Gebäude unserer Demokratie ruht", hat Bundespräsident Frank-Walter Steinmeier anlässlich dessen gesagt, was nach dem feigen Mord an Walter Lübcke an Beschimpfungen, Bedrohungen und tätlichen Angriffen auch in den Niederungen der Politik öffentlich wurde. Da hat er mal verdammt Recht.

Wir Reporter sind zwischen Uhlstädt und Lehesten bei so ziemlich allen Sitzungen dabei gewesen. Was wörtlich zu nehmen ist. „Dabei sein, ohne dazuzugehören", ist der

Anspruch des großen Journalisten Hajo Friedrichs, der auch für uns gilt.

OTZ-Leser wissen, wer ihre Interessen in den Kommunalparlamenten vertritt und wie sie aussehen, übrigens auch in den Nachbarorten. Sie erfahren, welche Bankfiliale wo schließt, warum um die Abfallgebühren gestritten wird, wo ein Feriendorf entstanden ist und wie es beim Waldbrand in Lichte zuging. All das – heute – in nur einer Ausgabe.

OTZ-Leser sind – man kann es nicht anders sagen – die lokale Info-Elite.

Schönes Wochenende!

ARBEITEN BIS ZUM UMFALLEN

Eigentlich wollte ich an dieser Stelle über Hanns Hopp schreiben, den Architekten, der nach dem Krieg den Kulturpalast der Maxhütte und das Agricola-Krankenhaus in Saalfeld entwarf und dem gerade eine Ausstellung im „Hirsch" gewidmet ist.

Darüber, wie einem bestimmte Menschen immer wieder im Leben über den Weg laufen. Dass ich zu Beginn der 80er Jahre große Teile meiner Tage in Hörsälen und Turnhallen verbrachte, die das Werk von Hanns Hopp waren, dem Planer der Deutschen Hochschule für Körperkultur (DHfK) in Leipzig. Und darüber, dass eines meiner Kinder heute ganz in der Nähe der früheren Stalinallee in Berlin lebt, deren Blöcke E und G der in Lübeck geborene Architekt ebenfalls entwarf.

Dann aber las ich am Freitag die Zahlen der Bevölkerungsprognose für die nächsten 20 Jahre. Dass es im Landkreis Saalfeld-Rudolstadt im Jahr 2040 noch ein Viertel weniger Kinder als heute und dafür ein paar mehr Rentner gibt – geschenkt. Dass aber die Zahl der Menschen im erwerbsfähigen Alter um ein Drittel von derzeit knapp 60 000 auf dann 38 400 zurückgeht, müsste sämtliche Alarmglocken dauerklingeln lassen.

Das, liebe Freunde, ist nicht irgendwie eine unschöne Begleiterscheinung des demografischen Wandels, sondern eine Katastrophe! Denkt euch einfach überall, wo heute noch Menschen in Lohn und Brot stehen, jeden Dritten weg. Ein Drittel weniger Ärzte und Schwestern in den Krankenhäusern, ein Drittel weniger Pfleger für die mehr werdenden Pflegebedürftigen, ein Drittel weniger Polizisten und Staatsanwälte, ein Drittel weniger Stahlwerker, Maschinenbauer, Maurer und Klempner, Köche und Kranfahrer, Lehrer und Programmierer. Hat sich mal jemand Gedanken gemacht, wer dann noch den Laden am Laufen hält?

Es gibt aus meiner Sicht nur drei Möglichkeiten: Entweder der wissenschaftlich-technische Fortschritt sorgt dafür, dass Wertschöpfung in großen Teilen von Industrie und Dienstleistung ohne menschliche Arbeitskräfte passiert. Was nicht überall möglich sein wird. Oder wir holen uns Leute ins Land, die die tausenden von freiwerdenden Arbeitsplätzen übernehmen. Oder, Variante drei, die Alten müssen einfach weiterarbeiten, bis sie umfallen.

Ich wollte es nur mal erwähnt haben, damit hinterher keiner sagt, er hätte es nicht gewusst.

Schönes Wochenende!

VOM REIZ DES EIGENEN TUNS

Irgendwann im Laufe eines Berufslebens – je nach persönlicher Disposition früher oder später – fragt sich wahrscheinlich jeder mal, ob das, was er da gerade tut, noch das Richtige ist. Es gibt viele Gründe, sich zu verändern. Über- oder Unterforderung im Job, nicht angemessene Bezahlung, zu wenig Anerkennung vom Chef, schlechtes Arbeitsklima, ein unschlagbares Angebot von der Konkurrenz oder schlicht Veränderung um der Veränderung willen. Der Mensch braucht schließlich Abwechslung.

Was beispielsweise in den USA Normalität ist, dass man im Laufe seines Lebens ein halbes Dutzend völlig verschiedener Sachen macht, ist in Deutschland eher die Ausnahme. Noch immer ertappe ich mich beim Staunen, wenn mir der Lokführer der Regionalbahn erzählt, er sei bis vor drei Jahren Unternehmer gewesen, habe aber keine Lust mehr gehabt, sich selbst auszubeuten.

In dieser Woche habe ich – nachdem ich die oben genannten Veränderungsgründe einen nach dem anderen streichen konnte – mal bewusst darauf geachtet, was für mich den Reiz ausmacht, Lokalreporter einer regionalen Tageszeitung zu sein. Abwechslung habe ich auf Arbeit genug, denn kein Tag gleicht dem anderen. Ich habe das Privileg, immer wieder beeindruckende Menschen kennenzulernen und über sie zu berichten.

So wie die fünf Profimusiker der Thüringer Symphoniker, die ihren ersten Urlaubstag opfern, um mit Kindern gemeinsam am Stausee zu musizieren. Oder das Försterehepaar aus Uhlstädt, über dessen Ambitionen als Winzer noch zu schreiben sein wird.

Wichtig ist mir die persönliche Freiheit, dass mir keine Stechuhr vorgibt, wann ich zu funktionieren habe und wann nicht. Unser Modell nennt sich „Vertrauensarbeitszeit" und bedeutet, dass man zwischen dem Termin bei der Sommertour des Ministerpräsidenten und dem Aufschreiben neuer Brückenbaupläne auch mal schnell zum Friseur, in die Autowerkstatt oder ins Fitnessstudio kann. Auf Neudeutsch heißt das Ganze Work-Life-Balance.

Am Mittwoch fragte mich ein Studienfreund, ob ich am Donnerstag als vierter Mann beim Beachvolleyball in Weimar aushelfen könne. 24 Stunden später standen fast 240 Jahre Lebenserfahrung im Sand. Und hatten Spaß wie die Jungen.

Schönes Wochenende!

ALLES GANZ NORMAL

Man weiß nicht so recht, ob es an den Ferien liegt oder an der Hitze. Oder an beiden: Auf jeden Fall sind die Straßen und Plätze in diesen Tagen so menschenleer wie lange nicht. Man bekommt Parkplätze an Stellen, die man sonst nicht zu träumen wagt, umgehend einen Friseurtermin und sogar noch spontan Karten für die Kulturarena. Schlangen gibt es – wenn überhaupt – bestenfalls am Eingang zum Freibad oder am Eisstand.

Sommer eben, sagen da die obercoolen Selbstdenker, die kein Bildungsfernsehen brauchen und ohnehin jeden Hitzerekord für einen gelungenen Propagandastreich der Klimakirche halten. Früher war es auch warm. 40 Grad schon 1975. Und 622 bestimmt auch schon mal. Hat nur keiner überliefert. Ist alles ganz normal.

Von mir aus könnten sich die Klimawandelskeptiker auch gerne ihre Glatzen verbrennen, wären da nicht ein paar Dinge, die mir und meinen Kindern, die noch viel länger auf dieser Erde leben wollen als ich, zu denken geben. Dass der

Grundwasserspiegel in vielen Regionen der Erde stetig sinkt und damit das größte Süßwasserreservoir der Erde schwindet. Künftige Ressourcenkriege werden nicht um Öl und Erz geführt werden, sondern um Wasser.

Mich besorgt, dass ganz in unserer Nähe tausende Buchen gefällt werden müssen, weil sie mit der Trockenheit nicht mehr zurechtkommen. Dass die Feuerwehren in einem Jahrhundertsommer nach dem nächsten bei Wald- und Feldbränden an die Belastungsgrenze kommen. Dass jede sechste Tierart vom Aussterben bedroht ist, während sich hitzeresistente Zecken, die schon heute Krankheiten wie Borreliose und Hirnhautentzündung übertragen, bei uns immer mehr ausbreiten. Dass bei einem weiteren Anstieg des Meeresspiegels Jakarta mit seinen zehn Millionen Einwohnern unbewohnbar wird, so wie viele Regionen am Äquator wegen der Hitze. Alles ganz normal? Ernsthaft?

Dass man in schwülen Nächten schlechter einschlafen kann, ist dagegen ein Problem, für das die Barmer Ersatzkasse jetzt eine verblüffend einfache Lösung gefunden hat. Auf ihrer Facebook-Seite empfiehlt die Kasse Selbstbefriedigung als Einschlafhilfe. Die Echtheit des Gesundheitstipps, der in der katholischen Kirche bis heute als Sünde gilt, ist inzwischen bestätigt. Na dann.

Schönes Wochenende!

FEIERTAG GUT ÜBERSTANDEN?

Na, haben Sie Thüringens jüngsten Feiertag gut überstanden? Womöglich sogar genutzt, um den Sinn des Internationalen Kindertages mit Leben zu erfüllen und mehr Zeit mit einer Generation zu verbringen, die es so gut wie keine zuvor hat und so häufig am Leben verzweifelt wie kaum eine zuvor?

Zu den paar Dutzend Ahnungslosen, die wie jeden Freitag den Parkplatz ihres Discountermarktkauflandes ansteuerten und nach ein paar verschämten Runden wieder abdrehten, dürften sie als OTZ-Leser jedenfalls nicht gehört haben, denn die lokale Info-Elite wusste nicht nur um den verkaufsdichten Freitag, sondern auch, was man mit Kindern und Enkeln so alles anstellen konnte. Eine ganze Reihe von Museen und anderen Freizeiteinrichtungen haben den Geist des neuen Feiertages verstanden und ihren kleinen Besuchern für einen Tag freien Eintritt ermöglicht. Setzt sich dieser Trend in den nächsten Jahren fort, könnte der 20. September weit mehr als ein rot-rot-grünes Wahlgeschenk werden.

Wobei man die Schwierigkeiten länderexklusiver Feiertage nicht übersehen darf. Wer etwa als Pendler in Bayern arbeitet, der guckte gestern in die Röhre – darf dafür aber ein andermal liegenbleiben, wenn wir aufstehen.

Ich habe den Tag (und das günstig liegende Wochenende) übrigens genutzt, um mich mit meinen ziemlich erwachsenen Kindern in Berlin umzusehen. Großartig, wie sich die Stadt in den 30 Jahren nach dem Fall der Mauer entwickelt hat. Ein Programmpunkt waren die Aktionen von „Fridays for Future" am Brandenburger Tor. Junge Leute machen den Mund auf für etwas, das sie angeht und das sie betreffen wird, wenn wir schon längst unsere vietnamesischen Pfleger im Altenheim nerven.

Wer mal erleben wollte, welche Macht die Straße hat, um den Politikern Beine zu machen, war gestern im Regierungsviertel goldrichtig. Und hat allemal mehr über dieses Land erfahren als in allen Facebook-Blasen zusammen.

Schönes Wochenende!

WINKENDES WÄHLERGLÜCK

Ein bisschen Familiengeschichte zum Verständnis: Als mein Vater, Jahrgang 1914, im Frühjahr 1945 aus dem Krieg heimkehrte – mit notdürftig geflickten Durchschüssen in Lunge und Bein und einem Granatensplitter im Arm, den er noch fast 50 Jahre unter der Haut tragen sollte –, hatte er so viel Leid gesehen, dass es für zwei Leben gereicht hätte. Er hasste die Nazis dafür, dass sie ihn und seine ganze Generation belogen und um ihre Jugend betrogen hatten. Dass er mit ansehen musste, wie sein bester Freund im Schützengraben neben ihm von einer Granate zerfetzt wurde. Was die selbst ernannten Herrenmenschen mit Wehrlosen gemacht hatten, ahnte er zunächst nur.

„Nie wieder Krieg" war der Grundkonsens derjenigen, die das sinnlose Gemetzel überlebt hatten. Er reichte aus, dass die neuen Herrscher von Stalins Gnaden, die nun in seiner Heimat das Sagen hatten, meinen Vater zum Bürgermeister in einem Ort bei Wolfen machten.

Irgendwann Ende der 1940er Jahre schrieb in dem Ort jemand mit weißer Farbe an eine Scheune: „Herrgott, schenk uns ein fünftes Reich, das vierte ist dem dritten gleich". Es war ein Affront gegen die Kommunisten. Weil der Täter nicht schnell genug gefasst wurde, statuierten die Besatzer an meinem Vater ein Exempel und warfen ihn aus dem Bürgermeisterbüro. Er empfand es als ungerecht – und büßte im Arbeiter- und Bauern-Staat als Zimmermann, der er bis zur Rente blieb. Die Kommunisten hasste er von da an auch.

Was er mir beibrachte, sind neben wenigen lebenspraktischen Dingen ein paar Weisheiten, die ich bis heute beherzige: Hab keinen falschen Respekt vor Autoritäten, die es durch ein Amt geworden sind! Gehe niemals den einfachen Weg und denke selbst! Stelle alles in

Frage, auch wenn es noch so offensichtlich richtig scheint! Lieber einen richtigen Feind als einen falschen Freund! Es hat mich bis heute mit aufrechtem Gang durch zwei Systeme getragen.

Denken musste ich an meinen Vater, als in dieser Woche Umfragen zur Landtagswahl in Thüringen veröffentlicht wurden. Ich habe mich gefragt, was er dazu gesagt hätte, dass ausgerechnet jenen das Wählerglück winkt, die er am Ende seines Lebens überwunden glaubte. Wahrscheinlich hätte er den Kopf ein bisschen zur Seite gelegt, das Kognakglas gehoben und gesagt: „Prost, mein Sohn. Das Volk ist vergesslich geworden".

Schönes Wochenende!

EIN TAG IM LEBEN

Es ist nur ein Tag im Leben, aber einer, den kein DDR-Bürger vergessen wird, der ihn bewusst erlebt hat. Heute jährt sich der 9. November 1989 zum 30. Mal. Es ist der Tag, der den Anfang vom Ende der SED-Diktatur markierte, der Tag des Mauerfalls.

Ich saß mit einem Freund in Jena vor dem Fernseher, der in diesen Tagen ständig lief, weil plötzlich alles in Bewegung war. Wir redeten uns die Köpfe heiß, wie so oft in dieser Zeit, tranken Bier und hatten ein Auge auf dem Bildschirm, wo Politbüromitglied Günter Schabowski die neuesten Beschlüsse referierte. Mir war sofort klar, was seine Aussage zur Ausreise bedeutete. Nur der Respekt vor der 0,0-Promille-Grenze und die Aussicht, am nächsten Morgen arbeiten zu müssen, hinderten uns an diesem Donnerstag, ins Auto zu steigen, das vor der Tür stand, und nach Berlin zu fahren. Womöglich ein Fehler, sicher kein unverzeihlicher.

Tage später schob ich einen Kinderwagen mit zwei kleinen Buben drin über den Innenstadtring. An die tausend Leute marschierten mit. Erst zaghaft, dann immer lauter riefen wir „Stasi in die Volkswirtschaft!". Es war vielleicht der befreiendste Moment in meinem Leben. Kein Jahr später hatten wir all das, wovon wir bis dahin nur zu träumen wagten: Reisefreiheit, Pressefreiheit, eine unabhängige Justiz.

Die Leute, die damals mit uns auf der Straße waren und die beglückende Erfahrung einer friedlichen Revolution machen durften, haben davor und danach jeder ein eigenes Leben gelebt. 30 Jahre sind eine lange Zeit. Manche waren erfolgreich, andere sind gescheitert. Manche sind frustriert, viele müde.

Was bleibt, ist die Erinnerung als kleinster gemeinsamer Nenner. Es war ein guter Tag für das Land, der 9. November 1989. Vielleicht kann man sich wenigstens darauf einigen.

Schönes Wochenende!

ICH HAB SO VIEL GEDULD

„Mit mir könn'ses ja machen. Ich hab soviel Geduld", sang Schlagerstar Frank Schöbel schon vor 36 Jahren in einem von Jochen Petersdorf getexteten Lied, das bei näherer Betrachtung nachträglich auch als Systemkritik durchgehen kann.

Geduld gehörte in der Tat zu den Grundtugenden gelernter DDR-Bürger, führt man sich nur die Wartezeit auf ein Auto vor Augen, die nur übertroffen wurde vom Warten auf die Reise in den Westen, die in aller Regel erst mit Eintritt ins Rentenalter möglich war.

Das dicke Fell, das wir uns dabei erwarben, wirkt bis in die Jetztzeit nach. Immer wieder nehme ich staunend zur

Kenntnis, wie wir uns brav in unser Schicksal fügen. Dass gestern die B 281 bei Schmiedefeld nach Sanierung wiedereröffnet wurde, bedeutet auch, dass tausende Menschen ein dreiviertel Jahr mehr oder weniger artig die Baustelle über Berg und Tal umfahren haben. Durch Dörfer, in denen erst die Post, dann Konsum und Kindergarten, zuletzt Kneipe und Bürgermeister verschwanden. Ist halt so, was soll's.

Schulterzuckend werden Anschlussbeiträge gezahlt, Gebührenerhöhungen zur Kenntnis genommen, Verspätungen toleriert. Die Gesetze, kann man nichts machen.

Dass an der Linkenmühle 73 Jahre nach Kriegsende in einem der reichsten Länder der Welt die Brücke noch immer nicht wieder aufgebaut wurde, interessiert nur ein paar Dutzend Leute. Und noch weniger macht es wütend. Geht ja auch ohne.

Manchmal kommt es mir vor, als ob der Langmut der Leute mit dem Wohlstand noch gewachsen ist. Manchmal denke ich, das ist so gewollt. Keine Herde lässt sich besser lenken als eine satte, fette, zufriedene. Fragen Sie Ihren Schäfer!

Ich bin überzeugt, Angela Merkel hätte noch bis 2030 mit ruhiger Hand regieren können, hätte sie die Geduld der Menschen nicht in der Frage der Migration überstrapaziert. Der darauffolgende, rasante Liebesentzug mag vordergründig rassistisch motiviert sein, er ist aber vor allem Ausdruck einer tief empfundenen Ungerechtigkeit einer Generation gegenüber, die den Wohlstand in diesem Land erst geschaffen hat.

Schönes Wochenende!

VIEL AUFWAND FÜR WENIG SEX

Über den Haushalt des Landkreises, der am Dienstag im Kreistag beschlossen wurde, war in dieser Woche zu berichten. Ein Zahlenwerk über 177 000 000 Euro, also in etwa den Marktwert von zwei Verteidigern und einem Torwart bei Manchester City.

Als ich in den 1990er Jahren zum Zwecke der journalistischen Fortbildung ein fünftägiges Seminar in Haushaltssystematik besuchte, sprach man gern vom Etat als dem „Kursbuch der Kommune". Als ich jetzt über das Konvolut für 2020 schrieb, habe ich mich gefragt, ob jüngere Leser überhaupt wissen, was ein Kursbuch ist – und dass es rein gar nichts mit der Börse zu tun hat.

Kein Mensch trägt mehr ein Kursbuch mit sich herum, nicht mal einen Taschenfahrplan. Wer wissen möchte, wann der nächste Zug fährt, ruft die entsprechende App auf und fragt sein Smartphone. Am Donnerstag konnte er dort erfahren, dass auf der Saalebahn über Stunden gar nichts ging. Das konnte kein Kursbuch bei Drucklegung wissen. Nicht mal ein Taschenfahrplan.

Immer mehr Bücher, Pläne und sonstige Druckerzeugnisse müssen die drückende Überlegenheit der digitalen Pendants anerkennen. Was hätte man an Zeit und Nerven gespart, hätte es schon vor 50 Jahren statt Tage-, Klassen- und Posteingangsbüchern Blogs, Office-Programme und Mails gegeben.

Niemand hätte „Simone ist doof" mühsam übermalen müssen, als Simone irgendwann nicht mehr doof war. Statt Dietmar eine reinzuhauen, hätte ich ihn einfach bei Facebook blockiert. Statt mit Leuten auf dem Weihnachtsmarkt zu reden, kann man auch einfach im WhatsApp-Status nachsehen, was sie so treiben. Filme gibt' s bei Netflix, Musik bei Spotify und Sex bei Tinder.

Manchmal frage ich mich, weshalb wir früher so einen verdammten Aufwand betrieben haben, um ein bisschen Spaß zu haben. Dabei sind Filme, Musik und Sex – haushaltstechnisch betrachtet – ohnehin freiwillige Leistungen. „Das Salz in der Suppe", wie ein aufstrebender Sozialdemokrat am Dienstag im Kreistag sagte.

Dass die Volksvertreter bei solchen Abstimmungen noch wie vor 100 Jahren den Arm heben, wirkt im digitalen Zeitalter fast schon anachronistisch. Haben die kein Votepad?! Oder wenigstens einen Buzzer?

Schönes Wochenende!

GESCHICHTEN ÜBER MENSCHEN

Ich bin in einer Zeit in den Journalismus gekommen, als jeder Redakteur glasklare Vorstellungen von seinen Lesern hatte. Der gemeine Zeitungsleser teilte mit uns sein Frühstück, blieb an nebulösen Überschriften hängen oder wartete täglich auf den neuen Teil des Fortsetzungsromans. Letzteres kränkte uns ein bisschen, denn natürlich treibt jeden Reporter die Hoffnung an, gerade seine Beiträge würden aufmerksam gelesen, seine Fotos erfreuten das Auge in besonderer Weise. Wer diesen Antrieb nicht hat, kann es gleich lassen. Ein bisschen Eitelkeit gehört dazu.

Die Ernüchterung kommt scheibchenweise. „Jeder kleine Dichter hat einmal groß angefangen", las ich schon Mitte der 1980er Jahre im Heft des Poetenseminars der FDJ. Selbst Goethe saß 200 Jahre vorher in einschlägigen Runden junger Autoren und verdrehte die Augen angesichts der handwerklichen, menschlichen und sonstigen

Unzulänglichkeiten seiner Mitdichter. Bis er gewahr wurde, dass es den anderen mit ihm genauso ging.

Heute wissen wir über den Leser, das unbekannte Wesen, so viel wie nie zuvor. Er hat sich durchsichtig gemacht dank elektronischer Geräte. Wir wissen, wer wie oft er im Internet welchen Beitrag klickt und welche Geschichte so fesselnd ist, dass der User – als Nachfolger des Lesers – die Bezahlschranke niederreißt.

Das Ergebnis ist berechenbar: Wenn es schon keine Sex in der Familienzeitung gibt, dann wenigstens Crime, Crashs und Skandale. Insofern ist unser lokaler Klickhit der Woche schon fast wieder rührend. Nichts hat die Menschen im Landkreis so elektrisiert, wie die Meldung, dass Florian Lindner aus Thälendorf am Samstagabend beim „Supertalent" auf RTL sein Glück vor einem Millionenpublikum versucht.

Man muss weder den Sender noch das Format mögen. Was aber bleibt, ist die Grunderkenntnis: Kaum etwas interessiert die Menschen mehr als Geschichten über Menschen, die sie im besten Falle noch kennen. Das wollen wir Ihnen auch weiterhin bieten.

Schönes Wochenende!

SO WINZIG WIE DAS LAND

Wer wie ich in den 1960er und 70er Jahren in der DDR aufgewachsen ist, der braucht keine Nachhilfe in Sachen Nachhaltigkeit: Es war gerade ein paar Jahre her, dass ein Irrer und ein paar Patrioten das Land in Schutt und Asche hinterlassen hatten. Aus meinem Kinderzimmer fiel der Blick auf einen Garten, in dem im Frühjahr Erdbeeren und im

Herbst Äpfel reiften. Dazwischen baumelten Stoffwindeln zum Trocknen auf der Leine.

Mein Vater fuhr morgens um vier mit dem ersten Zug zur Arbeit, den Weg zu Kindergarten und Schule bewältigten wir zu Fuß oder mit dem Fahrrad. Fleisch gab es, wenn überhaupt, nur am Wochenende. Blieb Bratensoße übrig, wurde sie am Montagabend mit Brot aufgetunkt. Essen warf man nicht weg. Einkaufen gingen wir mit Stoffbeuteln in der HO um die Ecke, Urlaub machten wir im Harz oder an der Ostsee, die Anreise war stets ein Umsteigedrama. Es gab kein Auto. Meine Eltern sind in ihrem Leben nie geflogen, die einzige Seereise des Vaters war im Januar 1945 mit Beindurchschuss auf einem Lazarettschiff von Klaipeda über die Ostsee. Unser CO_2-Fußabdruck war so winzig wie das Land. Das ist Teil eins der Geschichte.

Eine Wende und drei Jahrzehnte später werden diejenigen, die so leben wie wir damals, als Ökospinner verhöhnt. Was ist passiert mit den Menschen, dass es ihnen egal ist, welche Erde sie ihren Kindern hinterlassen? Wann haben wir angefangen, uns Lebensmittel mit Konservierungsstoffen in Plastikmüll ins Haus zu holen? Seit wann fahren wir unsere Kinder mit dem Auto zur Schule? Und seit wann mit Autos, die für Förster gebaut wurden? Warum ist die Urlaubskarte aus dem Harz weniger wert als die aus Südafrika? Weshalb fahren Menschen in Schweröl fressenden schwimmenden Kleinstädten durch die Karibik? Wann war es uns so wohl, dass wir aufs Eis tanzen gingen?

Nachhaltiger zu leben, ist notwendig und möglich zugleich. Oft reicht schon ein bisschen weniger Bequemlichkeit. Als Ostdeutsche haben wir auch da einen Startvorteil: Wir wissen schon, wie das geht.

Schönes Wochenende!

INHALTSVERZEICHNIS

(in Klammern: Datum der Erstveröffentlichung)